DAGMAR
HERZOG

Schlank für immer

trotz Diätverbot

DAGMAR
HERZOG

Schlank für immer

trotz Diätverbot

Emotionales Training

Weiterentwicklung des mentalen Schlankheitstrainings

nymphenburger

Das erfolgreiche emotionale Trainingsprogramm von Dagmar Herzog.
Die Ratschläge in diesem Buch sind von Autorin und Verlag sorgfältig geprüft, dennoch kann keine Garantie übernommen werden. Jegliche Haftung der Autorin bzw. des Verlages und seiner Beauftragten für Gesundheitsschäden sowie Personenschäden ist ausgeschlossen.

Illustrierte und neu bearbeitete Sonderausgabe des Titels
»Mentales Schlankheitstraining«

Umschlag: Wolfgang Heinzel
Umschlagfoto: Frauke Sinjen
Lektorat, Herstellung und Satz:
VerlagsService Dr. Helmut Neuberger
& Karl Schaumann GmbH, Heimstetten
Druck und Binden: Westermann, Zwickau
Printed in Germany
ISBN 3-485-00973-3

Inhalt

Vorwort

Dagmar Herzog hat aus eigener Betroffenheit nach den Erkenntnissen der modernen Emotionsforschung ein praxisnahes und leicht durchführbares emotionales Trainingsprogramm entwickelt, um negative Programmierung für immer zu verändern. Diese Methode nach Herzog aktiviert das Selbsthilfe-Potenzial der Betroffenen in hervorragender Weise. Der zentrale therapeutische Ansatz besteht in der Konfrontation und Auseinandersetzung mit negativen und positiven Emotionen bezüglich der unerwünschten Verhaltensmuster.

Herzog ist es gelungen, die Erkenntnisse der Emotionsforschung auf besonders intensive Weise umsetzbar und anwendbar zu machen.

Die professionell und außergewöhnlich aufwendig gestalte-

Ich begrüße es, dass sich immer mehr psychotherapeutsch orientierte Ärzte und Psychologen in der Dagmar-Herzog-Methode ausbilden lassen. Sie können damit eine Methode anbieten, die Hilfe zur Selbsthilfe leistet und den ewigen, krankhaften Kreislauf durchbricht. Dagmar Herzog hat die Erkenntnisse der Emotionsforschung in ihrer Methode einmalig und einfach zur Anwendung gebracht

Prof. Dr. med. Helmut Woelk, Arzt für Neurologie und Psychiatrie, Ärztlicher Direktor des Psychiatrischen Krankenhauses Gießen
Prof. Woelk leistet die wissenschaftliche Begleitung der Dagmar-Herzog-Methode.

te Trainings-CD ermöglicht die tägliche Arbeit mit Emotionen und erklärt so den schnellen und dauerhaften Erfolg der Dagmar-Herzog-Methode.

Prof. Dr. Helmut Woelk

Wie dieses Buch entstand

Ich bekam vom Bayerischen Fernsehen 1994 den Auftrag, eine Dokumentation über das mentale Schlankheitstraining zu machen, das ich bereits jahrelang an mir und anderen erfolgreich erprobt hatte. Die Dokumentation dauerte vier Monate und wurde von einem Kamerateam begleitet, um die Erfolge, aber auch Schwierigkeiten der 24 Teilnehmer zu dokumentieren.

Neunzehn Frauen und fünf Männer, alle mit Übergewicht und reichlich Diäterfahrung, absolvierten diesen Kurs. Wir trafen uns einmal pro Woche, und die Ergebnisse überstiegen all unsere Erwartungen.

Zur Einstimmung vorweg eine der vielen Aussagen und schriftlichen Statements, die bezeichnend sind für das, was fast alle Kursteilnehmer empfanden: »Es ist ein Wunder passiert. Ich vergesse das Essen. Es ist aus dem Kopf!«

Dieses »Wunder« tritt bei den meisten Kursteilnehmern schon am ersten Tag ein. Um es selbst zu erleben, gibt es nur einen Weg. Lesen Sie dieses Buch, und fangen Sie gleich heute mit Ihrem Trainingsprogramm an. Und Sie werden spüren: Nicht Schlanksein macht glücklich, sondern Glücklichsein macht schlank.

In der Zwischenzeit haben über 2000 Menschen mit Übergewicht meine Seminare besucht, und die Erfolge sind überwältigend. Dieses Buch ist über 150 000 Mal verkauft worden. Seit 1995 bilde ich auch Ärzte und Psychotherapeuten aus, die meine Methode bei ihren Patienten anwenden. Auch die Krankenkassen erkennen zunehmend die gesundheitsfördernde Wirkung meines emotionalen Trainingsprogramms an. Als Vorreiter veranstaltet die GEK (Gemündener Ersatzkasse) für ihre Mitglieder Informationsveranstaltungen in ganz Deutschland und plant im Jahr 2003 die erste

wissenschaftliche Studie mit der Dagmar-Herzog-Methode. Neben dem emotionalen Schlankheitstraining habe ich ein Trainingsprogramm für Raucher sowie »Die Kraft der Emotionen« gegen Ängste, Stress, Depressionen und Schlafstörungen entwickelt.

Kapazitäten aus Fachbereichen der medizinischen Forschung, wie Neurobiochemie, Neurologie, Neuroimmunologie, Hormonforschung und Psychiatrie, stützen durch neueste Erkenntnisse meine Methode, allen voran Prof. Dr. med. Helmut Woelk, Direktor des Psychiatrischen Krankenhauses in Gießen, und Professor Heufelder als Hormonforscher, die die wissenschaftliche Begleitung meiner Methode übernommen haben.

Ich wünsche Ihnen eine spannende Lektüre, viel Erfolg und ein neues Leben durch das emotionale Schlankheitstraining.

Dagmar Herzog

Für immer schlank

Hunger im Bauch, weil man gerade wieder eine Wunderdiät macht? Frust und neidische Blicke hinter jeder schlanken Schönheit oder jedem Adonis mit Waschbrettbauch? Jeder zweite Bundesbürger weiß, wovon ich spreche, weil jeder zweite Bundesbürger Gewichtsprobleme hat.
Ich gehörte auch dazu. Ich kam bereits schwergewichtig zur Welt und wurde, weil es den Deutschen 1948 nach der Währungsreform wieder besser ging und meine Eltern glücklicherweise auch noch mit einem Babykost-Hersteller befreundet waren, tüchtig mit Grießbrei gefüttert.
Die alten Fotos zeigen ein gesundes, kraftstrotzendes Baby mit Speckbeinchen, Speckärmchen und einem kugelrunden grinsenden Gesicht mit einem Zahn. Heute würde man sagen: überernährt. Doch damals, nach dem Krieg und dem Elend der Nachkriegszeit, waren die meisten Eltern stolz, ein schönes, dickes, rundes Baby zu haben.
Damals fing mein Problem wohl schon an. Ich habe einfach immer gern gegessen. Meine drei Brüder hatten dieses Problem nicht. Meine Sucht nach Süßigkeiten war nicht normal. Mein ganzes Taschengeld gab ich dafür aus, kochte mir selbst Karamellbonbons und stibitzte meinen Brüdern die Bonbons aus ihren Geheimverstecken, die meiner Spürnase nicht lange verborgen blieben.
Als ich dann in die Pubertät kam, fing ich mit den ersten Diäten an und wurde immer runder. Ich dachte nur noch ans Essen. Den Hauptmahlzeiten blieb ich grundsätzlich fern, weil ich wütend war, dass ich wieder zum Essen verführt werden sollte. Aber nach dem Essen, wenn die Küche verlassen war, schlich ich mich heißhungrig heimlich in die Vorratskammer und stopfte mir belegte Brote oder die kalten Reste mit schlechtem Gewissen in den Mund. Ich kann-

te mich mit Diäten, Kalorien und Stoffwechsel bestens aus. Jedes Radieschen wurde sofort errechnet. Ich aß Riesenportionen Gurkensalat, Karotten oder Sauerkraut, frei nach dem Motto: »Das hat ja alles keine Kalorien«, und wehrte jeden gut gemeinten Ratschlag besserwisserisch ab.
Meine Mutter sagte damals schon das einzig Richtige: »Kind, wenn du einmal nicht ans Essen denken würdest, würdest du automatisch abnehmen!«
Doch damals machte mich dieser Satz nur wütend, und ich erkannte nicht die Wahrheit dieser einfachen Weisheit. Ich ging sogar so weit, dass ich, wenn jemand an einer Magen-Darm-Infektion litt, jene Lebensmittelreste verspeiste, von denen ich annahm, sie hätten die Erkrankung ausgelöst, wie z.B. einen alten Kartoffelsalat. Auf diese Weise hoffte ich schnell ein bis zwei Kilo zu verlieren. Doch ich hatte anscheinend einen Pferdemagen, oder die in der Familie aufgetretene Erkrankung hatte doch andere Ursachen. Wütend, jetzt auch noch den alten Kartoffelsalat im Bauch zu haben,

Nicht ständig ans Essen denken – das können nur Menschen mit einem normalen Essverhalten.

haderte ich mit Gott und der Welt. In der Schule gehörte ich immer mit zu denen, die den Ton angaben. Ließen meine Mitschülerinnen jedoch Bemerkungen über meine Rundungen fallen, kränkte mich das so sehr, dass ich zwei Tage an nichts anderes mehr denken konnte und diesen Schmerz mit noch mehr Schokolade zu betäuben versuchte.
Wenn man meine Geschichte bis hierher liest, werden sich die Hobby-Freudianer händereibend zu Wort melden. Zu wenig Beachtung, zu wenig Liebe, drittes von vier Kindern – das schöne Schlagwort »Vergangenheitsbewältigung«. Ich für meinen Teil bin sicher, dass meine Eltern mich sehr geliebt haben, und ich hatte trotz meiner Probleme eine schöne Kindheit. Ohne die Freud'schen Thesen infrage stellen zu wollen, bin ich der Meinung, dass jeder Mensch seine kleineren oder größeren Narben aus der Kindheit mit sich trägt, egal ob er als drittes von vier Kindern, als erstes, zweites oder als Einzelkind geboren ist, Scheidungskind oder mit alkoholkranken Eltern geschlagen war. Ohne Schwierigkeiten wächst wohl niemand auf, und eine Kindheit wie im Paradies ist eher die Ausnahme. Entscheidend ist, wie wir das, was wir erlebten, bewerten.

Anna, Teilnehmerin eines meiner Seminare, erzählte, wie sie einen Horror vor dem Kleiderkaufen entwickelt hatte: Sie, die ein süßes, aber pummeliges Mädchen war, hatte eine gertenschlanke Mutter. Wenn diese mit ihr zum Einkaufen eines neues Kleidungsstückes ging, waren ihre ersten Worte an die Verkäuferin immer: »Haben Sie etwas Schönes für mein kleines Pummelchen?« Anna blickte dann immer voller Scham zu Boden, während die abschätzenden Blicke der Verkäuferin über sie glitten. Anna bekam das Gefühl, nicht okay zu sein, so wie sie war. Sie entwickelte das tief sitzende Gefühl, nicht liebenswert zu sein. Und noch als erwachsene Frau war es ihr ein Gräuel, Garderobe zu kaufen. Die Blicke der Verkäuferinnen lösten immer wieder das alte Gefühl in ihr aus.

Mit neunzehn machte ich meine Ausbildung zur medizinisch-technischen Assistentin. Die Schönste aus meinem Semester, ein absoluter Audrey-Hepburn-Typ, schlank und grazil, war meine beste Freundin. Wenn wir an einem Schaufenster vorbeigingen – sie 1,74 m, gazellenähnlich, mit figurbetonter Kleidung, und ich 1,63 m klein, rund, mit figurumhüllendem Herren-Shetlandpulli in Übergröße –, musste ich immer wie unter Zwang unser in meinen Augen groteskes Spiegelbild betrachten. Und auch durch bewusstes Aufrechtgehen und Einziehen des Bauches näherte ich mich nicht ihrer Traumfigur.

Wenn sie abends mit mir in die Disco gehen wollte, nörgelte ich ständig herum, ich hätte nichts anzuziehen, ich müsste erst wieder abnehmen. Also hat mich meine Freundin, die Raucherin war, aus purem Egoismus zum Rauchen verleitet, denn »Rauchen macht schlank«. Ich verlor wirklich zwei Kilo in relativ kurzer Zeit, weil ich weniger Süßigkeiten aß. Aber die Zigaretten schmeckten mir nicht. Mir wurde oft übel und schwindlig.

Ein halbes Jahr später musste ich mich dann einer Mandeloperation unterziehen. Anstatt die Schmerzen und Unannehmlichkeiten zu fürchten, freute ich mich geradezu darauf, da ich sicher war, dabei abzunehmen. Dem war auch so. Ich verlor zehn Kilo, weil ich drei Wochen lang nichts, aber auch wirklich gar nichts zu mir nahm.

Ich war unglaublich stolz und fand mich das erste Mal so richtig schlank und schön. Ich war selig. Dieses Glücksgefühl der Leichtigkeit, sich zu bewegen wie eine Schlanke, die bewundernden Blicke der anderen, plötzlich zu den Schlanken zu gehören, war wie eine Befreiung. Ich war sicher, das Gewicht durch kalorienarme Kost halten zu können, und kaufte mir enge Jeans, Röcke und Pullis. Doch die neuen Sachen passten leider nicht lange. So wie bei allen

Wenn Sie Situationen mit negativen Gefühlen erlebt haben, entstehen meist Angst-, Stress- oder Schmerzprogramme. Diese Programme hat jeder von uns, doch kann man sie auflösen, auch ohne die schmerzhafte Vergangenheit noch einmal durchleben zu müssen.

Radikaldiäten kam auch bei mir der große Nachholbedarf. Nach ca. zwei Monaten hatte ich die zehn Kilo wieder drauf. Ich sehnte mich frustriert nach meiner kurzen schlanken Periode zurück, probierte die neuen Jeans in meiner Traumgröße – und zog sie ganz schnell wieder aus, weil mein Spiegelbild allzu sehr an die Reklame für Schlankheitspillen erinnerte (leider an das Bild »vorher«). Bauch, Po und Oberschenkel wollten die Hose sprengen, obwohl der Reißverschluss weit aufklaffte. Verzweifelt stürzte ich mich in die nächste Radikaldiät. Doch ich hatte das Gefühl, dass das Abnehmen immer schwerer wurde und das Zunehmen immer schneller ging.

Wenn in einer Zeitung wieder eine Wunderdiät angepriesen wurde – »Zehn Kilo in vierzehn Tagen« –, konnte ich sicher

sein, dass ich höchstens zwei Kilo abnahm, die ich dann spätestens nach ein paar Tagen wieder auf die Waage brachte. Es kam mir alles so hoffnungslos, so vollkommen unerreichbar vor.

Nach meinem Examen ging ich dann nach München. Eine eigene Wohnung bot zumindest die Möglichkeit, den Kühlschrank leer zu lassen – was allerdings zur Folge hatte, dass ich manchmal noch spätabends zu einer Tankstelle pilgerte, um mir Schokolade oder andere Süßigkeiten zu kaufen. Mein damaliger Freund versuchte, mich liebevoll zu unterstützen, und führte mich jeden Abend zum Essen aus. Er meinte, T-Bone-Steak mit Salat, das mache schlank. Doch hatte diese riesige Fleischmenge in Kombination mit meiner Schokolade auch nicht die gewünschte Wirkung.

Erst ein Jahr später verlor ich, wiederum durch einen Krankenhausaufenthalt, vier Kilo. Danach machte ich eisern weiter und nahm im nächsten Jahr durch Fasten weitere fünf Kilo ab. Ich war jetzt bereit, für mein neues Traumgewicht zu kämpfen. Ich aß meist nicht mehr als achthundert Kalorien pro Tag, um das Gewicht zu halten.

Wollte mein Freund mit mir Essen gehen oder waren wir eingeladen, keifte ich jedes Mal: »Ich gehe nicht mit, sonst nehme ich gleich wieder ein Kilo zu.« Denn stets fiel es mir besonders schwer, dieses eine Kilo wieder abzunehmen.

Oft wurden aus dem einen Kilo wieder drei, die dann wieder radikal bekämpft werden mussten, was natürlich zur Folge hatte, dass ich Heißhunger auf alles Verbotene hatte. Ich fühlte mich abgeschlagen und müde, hatte oft starke Kopfschmerzen und litt unter dem ständigen Frust und der Angst, es diesmal vielleicht nicht zu schaffen. Zusätzlich nahm ich zeitweise noch Appetitzügler und Abführmittel.

Aber mit ein paar Ups and Downs konnte man mich die nächsten zehn Jahre als »Scheinschlanke« bezeichnen. Ich

wog bei meiner Größe von 1,63 m fünfzig Kilo, für kurze Zeit sogar nur 48 Kilo, und das war zu meinem vorherigen Gewicht von 63 Kilo ein gewaltiger Unterschied.

Jetzt werden einige, die das lesen und bedeutend mehr Übergewicht mit sich herumtragen, vielleicht sagen: »So ein Theater wegen dreizehn Kilo, das ist doch kein Problem.« Doch für die Betroffenen stellen 13 Kilo ein ebenso großes Problem dar, wie für andere zwanzig oder dreißig Kilo. Und das Gewicht halten, hieß ständig gegen den Heißhunger anzukämpfen und streng Diäten zu befolgen.

Mit 32 Jahren bekam ich dann mein erstes Kind, einen drei Kilo schweren, hinreißenden Sohn. Während der Schwangerschaft nahm ich vierzehn Kilo zu. Da zehn bis zwölf Kilo empfohlen wurden, gab ich mich der Hoffnung hin, nach der Geburt nur zwei bis drei Kilo abnehmen zu müssen. Doch da hatte ich mich leider getäuscht. Die Geburt kostete mich lediglich vier Kilo, die übrigen zehn Kilo blieben an mir hängen wie Blei. So sehr ich mich über meinen Sohn auch freute und ihn abgöttisch liebte, er half mir trotzdem nicht, über meine Figurprobleme hinwegzusehen. Ich hungerte, obwohl ich stillte, konnte – wie fast alle Mütter – keine Nacht richtig schlafen und war dementsprechend entnervt und unglücklich. War das nun das große Mutterglück?

Nach drei Monaten strengster Diät verlor ich lediglich drei Kilo. Ich gab auf und ging zum Arzt, der in seiner ruppigen Art eigentlich zum Auslöser für meine Methode des mentalen Schlankheitstrainings wurde. Als ich ihm mein Leid klagte, bemerkte er – wenig einfühlsam wie so viele Ärzte bei diesem Thema: »Wenn Sie abnehmen wollen, dann essen Sie halt gar nichts mehr. Oder Sie finden sich damit ab, dass Sie, wie viele andere Frauen auch, nach der Schwangerschaft dicker werden! Der Nächste, bitte!« Ich hätte ihn erwürgen können.

Abends lag ich grübelnd im Bett und überlegte mir, dass ich nicht mein Leben lang gegen meine Gelüste ankämpfen, aber auch nicht dick sein wollte. Ein paar Tage zuvor hatte ich von einem Schweizer Professor gelesen, der den Rauchern das Rauchen abgewöhnte, indem er sie zwang, eine Woche lang täglich vier Schachteln Zigaretten zu rauchen, und dies in einem fensterlosen Kellerraum, dessen nackter Betonboden mit alten Kippen bedeckt war. Nach zwei bis drei Tagen entstehe ein so starker Ekel, dass der Raucher sich

nichts mehr wünsche, als nicht mehr rauchen zu müssen. Dieser Wunsch werde so fest im Unterbewusstsein verankert, dass die Zahl der Kursteilnehmer, die nie mehr eine Zigarette anrührten, relativ hoch sei. Viele allerdings wurden wieder rückfällig, da das Suchtprogramm nicht – wie bei meiner Methode – endgültig gelöscht war.

Ich war auf einmal sicher, dass man auf ähnliche Weise auch das Suchtproblem »Essen« angehen könnte. Ich erinnerte mich daran, dass ich als Kind einmal gezwungen worden war, gekochten Fisch in weißer Sauce zu essen. Ich durfte erst aufhören, als ich mich übergeben musste. Noch heute verspüre ich einen Ekel, wenn ich gekochten Fisch in weißer Sauce sehe, obwohl ich Fisch sonst gern esse. Dieses Gefühl kann jeder nachempfinden, der schon einmal eine Lebensmittelvergiftung hatte, also nach dem Genuss eines verdorbenen Nahrungsmittels tagelang zwischen Bett und Toilette hin und her pendeln musste. Die Lust auf das Gericht, das die Erkrankung verursacht hat, ist gänzlich verschwunden. Im Gegenteil, schon bei dem Gedanken daran dreht sich einem der Magen um. Warum? Ihr Unterbewusstsein hat abgespeichert, dass dieses Nahrungsmittel mit einem negativen Körpergefühl verbunden ist.

Auch bei mir blieb diese Begebenheit aus meiner Kindheit in meinem Unterbewusstsein haften. Allein die Vorstellung von Fisch in weißer Sauce (Visualisieren) genügt, um diese Abneigung wieder zu empfinden.

Nun macht das Unterbewusstsein keinen Unterschied, ob Sie etwas wirklich erlebt oder durch Visualisieren im Unterbewusstsein ein Programm installiert haben. So habe ich als Kind z. B. den Film »Der Hund von Baskerville« gesehen. An die Handlung kann ich mich nicht mehr erinnern, aber ich weiß noch, dass jemand ins Moor lief und ganz langsam in dem dicken schwarzen Brei versank.

Ich konnte dieses grauenhafte Gefühl, so langsam im Moor zu versinken, mitempfinden, obwohl ich selbst – Gott sei Dank – nie eine vergleichbare Situation erlebt habe. Noch heute mache ich um jedes Moor einen großen Bogen. Jeder von Ihnen wird, wenn er über sich selbst nachdenkt, ähnliche Entdeckungen machen.

Sie sehen, dass allein durch emotionales Erleben Programme im Unterbewusstsein installiert werden, die, wenn sie nicht gelöscht oder umprogrammiert werden, ein Leben

Suchtprogramme sind Schutzprogramme

Essen im trauten Kreis der Familie, Kindergeburtstage, Weihnachten, Süßigkeiten bei Tränen oder guten Noten ... all das sind Situationen, in denen wir glücklich waren, uns geborgen und geliebt fühlten. Situationen, in denen unser Körper Glückshormone ausgeschüttet hat. Und – wie ich später noch ausführlich erklären werde – Glückshormone bauen in Sekundenschnelle Stresshormone ab und stärken so unser Immunsystem. Unser Unterbewusstsein ist genial gesteuert und immer bemüht, unseren Körper gesund und unser Immunsystem stark zu erhalten. Wenn wir unglücklich oder gefrustet sind, Ärger oder Angst haben, werden permanent Stresshormone ausgeschüttet, die unser Immunsystem schwächen und die Energie im Körper blockieren. Das Unterbewusstsein hat nun durch die häufigen Erfahrungen, dass durch Essen Glückshormone ausgeschüttet werden, diese Information fest installiert. Und es setzt dieses vermeintliche Hilfsprogramm sofort ein, wenn durch negative Gefühle Stresshormone ausgeschüttet werden. Denn die dadurch entstehenden Glückshormone sollen die Stresshormone wieder abbauen.

Esssüchtige sind nicht süchtig nach dem Essen, sondern süchtig nach dem Glücksgefühl und damit nach der Glücksdroge. Obwohl das Essen oft gar nicht mehr glücklich macht, weil schon während des Essens das schlechte Gewissen plagt, bleibt diese Information für immer bestehen. Es sei denn, das Unterbewusstsein bekommt eine intensive, neue emotionale (hormonelle) Information. Dann können diese alten Programme gelöscht werden. Da das Suchtmittel Essen mit positiven Gefühlen erlebt wurde, können nur entgegengesetzte Gefühle diese Programme verändern.

lang bestehen bleiben. Diese Erkenntnis brachte mich zum Kernelement meines Programmes, zu den Negativ-Szenen. Ich entwickelte vor meinem inneren Auge Situationen, in denen das Essen mit negativen Gefühlen wie Einsamkeit, Stress, Ekel oder Völlegefühl verbunden war.

Mit den Negativ-Szenen machte ich meinem Unterbewusstsein klar, dass genau das Gegenteil passierte von dem, was fälschlicherweise einprogrammiert war: dass nämlich zu vieles Essen keine Lust, sondern nur Frust bringt; dass es mich einsam macht, weil ich mich selbst nicht mag, und dass ich mich logischerweise dann auch nicht geliebt fühle, wenn ich mich selbst nicht liebe.

Nur durch intensive Emotionen kann das Gehirn neue Informationen aufnehmen, die alte Verhaltensmuster umschreiben.

So stellte ich mir bei einer Szene z. B. vor, wie ein Mann in einem Wirtshaus allein an einem großen Tisch sitzt. Auf dem Tisch stehen halb ausgetrunkene Biergläser und Teller mit Essensresten.

Es riecht nach Essensresten, nach abgestandenem Bier und Zigarettenrauch. Der Mann hat vor sich eine Portion Eisbein. Sein Gesichtsausdruck ist abgestumpft, resigniert. Gierig, aber freudlos schlingt er in sich hinein. Fett läuft aus den Mundwinkeln. Die Bilder gehen von Normalgeschwindigkeit in Zeitlupe über. Aus der Ferne hört man eine Gruppe lachen. Gesprächsfetzen dringen herüber. Der Mann sitzt an seinem großen Tisch wie auf einer Insel, allein, isoliert.

Wichtig ist beim Visualisieren, dass man die Szenen nicht distanziert betrachtet, sondern die damit verbundenen Emotionen wie ein Schauspieler mitempfindet, die Übersättigung und die Einsamkeit spürt, die Gerüche wahrnimmt, den Druck im Magen fühlt. Nur indem ich intensiv Emotionen wahrnehme, kann das Gehirn ein neues Programm annehmen. Das erfordert eine gewisse Eindringlichkeit, sonst würden wir alles, was wir sehen, im Unterbewusstsein als Programm speichern.

Um nun neue Hilfsprogramme zu installieren, ließ ich Positiv-Szenen folgen. Ich stellte mir Bilder vor, die für mich absolute Lebensfreude bedeuten, z. B. am Strand entlangzulaufen, klare Luft zu atmen, die Farben des Wassers wahrzunehmen, Sonne auf der Haut zu spüren, sich frei und sicher zu bewegen, im Strandcafé einen Salat zu essen und dazu ein prickelnd kühles Glas Mineralwasser zu trinken, befreit, beschwingt, glücklich.

Mit diesen Positiv-Szenen wird das Unterbewusstsein neu programmiert, weil in den Positiv-Szenen Teetrinken oder Bewegung in der Natur in Verbindung mit Glücksgefühlen erlebt wird. War es durch falsche Programmierung bisher gewohnt, bei Stress, Einsamkeit, Trauer oder Langeweile zu melden: »Du musst jetzt essen, Essen tröstet dich, Essen macht glücklich – du belohnst dich jetzt mit einem guten Essen«, so wird es jetzt z. B. melden: »Du belohnst dich jetzt mit einer Tasse Tee, du kuschelst dich dabei gemütlich in

Neue, positive Hilfsprogramme werden installiert, indem ich zum Beispiel Teetrinken in Verbindung mit Geborgenheit und Harmonie erlebe.

dein Sofa, hörst schöne Musik oder liest ein Buch.« Oder: »Du freust dich auf einen schön angerichteten Obst- oder Salatteller, du freust dich auf einen eisgekühlten Longdrink, du freust dich auf einen Spaziergang, du nimmst alles intensiv und bewusst wahr.«

Intensive Wahrnehmung und positives Bewusstsein lassen sich durch das tägliche Übungsprogramm erlernen. Diese Techniken werden später im Rahmen des emotionalen Schlankheitstrainings genau erklärt.

Um meine eigene Geschichte zu Ende zu erzählen: Es ist nun 21 Jahre her. Etwa sechs Monate lang durchlebte ich wie ein Schauspieler intensiv vor dem Einschlafen meine Negativ- und Positiv-Szenen.

Ich bemerkte schon nach kurzer Zeit, dass mein ständiger Appetit, der sonst nie versagte – selbst bei Krankheiten nicht –, plötzlich verschwunden war. Ich aß viel weniger, glaubte aber noch nicht wirklich an einen Erfolg, sondern schob den Appetitverlust auf einen akuten Schnupfen. Gleichzeitig wunderte ich mich jedoch, dass ich oft Durst verspürte und es für mich ein Genuss war, gemütlich in Ruhe eine Tasse Tee zu trinken.

Außerdem begann ich Gymnastik zu treiben. Zur damaligen Zeit war gerade Aerobic mit Jane Fonda »in«. Es galt als absolute Fitness-Revolution. In einem Positivbild stellte ich mir vor, wie sich mein schlanker Körper mit Leichtigkeit bewegt. Die Ästhetik und die aktive Lebensfreude gefielen mir.

Vor über zehn Jahren entwickelte ich mein Programm weiter, weil ich mich in einer schweren Lebenskrise befand. Ich steckte damals mitten in einer Scheidung und stand plötzlich vor dem Problem, meine beiden Kinder allein versorgen zu müssen. Existenzangst, Trauer, Einsamkeit, Selbstzweifel und die Angst, es nicht zu schaffen, bestimmten mein Leben. Ich spürte eine starke innere Unruhe und zugleich

ein lähmendes Phlegma. Die alltäglichen Dinge wurden zum Problem. Nachts wälzte ich mich mit Angstzuständen im Bett. Schlief ich endlich vor Erschöpfung ein, schreckte ich kurz darauf schweißgebadet wieder hoch. Ich ging zum Arzt. Seine Diagnose: Depression. Ich ließ mir Tabletten verschreiben, die mich aber nur müde und noch antriebsloser machten. Über mehrere Wochen suchte ich verzweifelt Rat und Hilfe. Irgendwann begriff ich, dass nur ich selbst mir helfen konnte, dass ich für mein Leben selbst verantwortlich bin. Das war die erste Erkenntnis, die mich weiterbrachte.
Ich entwickelte teilweise zusammen mit einer Yogalehrerin spezielle Übungen, die fünf »Harmonys«, die psychisch und körperlich sehr entspannend wirken. Durch die Ausschüttung von Glückshormonen werden Stresshormone abgebaut – ein positiver Prozess, der auch das Schlankwerden aktiv unterstützt. Auch heute noch mache ich jeden Morgen meine Übungen, jedoch nicht aus Zwang, sondern weil ich inzwischen ohne Musik, ohne Bewegung und die Sammlung all meiner Energien nicht mehr leben möchte.

Geben Sie sich jeden Tag den Energiekick!

Das emotionale Training hat mein Leben total verändert. Ich nahm damals innerhalb eines halben Jahres acht Kilo ab, ohne Diät. Ich habe alles gegessen, auch Schokolade, aber statt einer ganzen Tafel nur noch einen halben Riegel, nicht mehr.
Ich habe bis heute, 21 Jahre später, mein Traumgewicht gehalten, ohne Kalorien zu zählen. Ich habe keine Angst mehr, jemals wieder zuzunehmen. Weihnachtszeit, Einladungen und pfundweise Schokolade im Haus verführen mich nicht mehr. Ich esse, wenn ich hungrig bin, und höre auf, wenn ich satt bin, auch wenn es noch so gut schmeckt.
Ansonsten vergesse ich das Essen. Es beherrscht nicht mehr mein Denken, es ist aus dem Kopf. Und das empfinden ich und tausend andere auch, die das emotionale Training inzwischen gemacht haben, als absolute Befreiung.

Die Kraft der Emotionen

Im Laufe der Jahre habe ich von meinen Seminarteilnehmern immer wieder gehört, dass fast jeder sich mit meiner eigenen Geschichte identifizieren konnte. Es laufen fast bei allen die gleichen Denk- und Verhaltensmuster ab. Warum das so ist, möchte ich Ihnen jetzt erklären.

Die Funktionen unseres Körpers werden über ein kompliziert geregeltes Informationssystem gesteuert. Ein wesentlicher Teil davon sind Hormone. Neu ist die Erkenntnis, dass Emotionen, durch psychische Reize hervorgerufen, eigentlich nichts anderes sind als Hormonausschüttungen.

Wir werden von der ersten Stunde an über Emotionen programmiert. Erleben wir etwas mit negativen Gefühlen, so entstehen Angst-, Stress-, Trauer- oder Aggressionsprogramme. Erleben wir etwas mit positiven Gefühlen, wie z. B. Gerüche oder das Essen, so entstehen Wohlfühl-, Lust- oder Suchtprogramme.

Alles, was wir sehen, hören, riechen, schmecken oder fühlen, geht als Reiz über die Nervenbahnen zum Gehirn. Hier wird in Bruchteilen von Sekunden geprüft, ob zu diesem Sinnesreiz schon ein emotionales Programm existiert. Wenn ja, wird sofort der gleiche Hormoncocktail ausgeschüttet wie bei der Erstprogrammierung.

Stellen Sie sich vor, Sie schalten morgens das Radio an und hören einen Song, den Sie vor zehn oder zwanzig Jahren mit Ihrer ersten großen Liebe im Sommerurlaub jeden Tag gehört haben. Sie haben dieses Lied in Verbindung mit verliebt sein, Freiheit und Lebensfreude erlebt, also werden Sie schon nach den ersten drei Takten dieses Gefühl wieder spüren, weil der Glückshormon-Cocktail von damals Zeit Ihres Lebens in Verbindung mit diesem Lied in Ihrem Unterbewusstsein abgespeichert ist.

Ein Beispiel aus meinem Leben: Sobald ich den Geruch von Sonnencremes mit Kokosöl wahrnehme, laufen bei mir automatisch Bilder ab von Urlaub, Sonne, Meer und unbeschwertem Dasein. Ich rieche das Meer, die salzige Luft und fühle mich augenblicklich glücklich, weil ich als Kind einen wunderschönen Urlaub mit der Familie am Meer verbracht habe und jeden Tag liebevoll mit Kokosnussöl eingerieben worden bin. So wurde bei mir zu diesem Sinnesreiz ein positives Programm gespeichert.

Mit Angstprogrammen funktioniert das genauso. Und gerade jene aus unserer Kindheit oder frühen Jugend sitzen besonders fest. Eine Freundin beschrieb mir, wie bei ihr allein das kratzende Geräusch eines Füllers über Papier ausreicht, um Angstgefühle und eine regelrechte Denkblockade auszulösen. Wie das? Mara war in allen Fächern außer Mathematik eine gute Schülerin. Wurde eine Schulaufgabe geschrieben, saß sie da und brütete über der Lösung der Aufgaben, während ihre Banknachbarin, ein Ass in Mathe, schon eifrig die Lösungsformel aufs Papier kritzelte. Dieses Geräusch des kratzenden Füllers in Verbindung mit dem Angstgefühl, die Aufgaben nie lösen zu können, hat sich tief in ihrem Unterbewusstsein verankert. Und das funktioniert bis heute. Mara ist Journalistin geworden. Und wenn sie in

Jede Emotion ist eine Ausschüttung bestimmter Signal- oder Botenstoffe in unserem Körper, vor allem Neurotransmitter und Hormone. Hormone sind ein Teil des ausgefeilten Kommunikationssystems unseres Körpers. Bis heute wurden ca. 250 Gefühlshormone analysiert. Wissenschaftler schätzen allerdings, dass weit über 1000 Gefühlshormone in unserem Körper wirken. Zu jedem Gefühl, sei es Angst, Eifersucht, Wut, Hass oder Liebe, ist ein ganz bestimmter Hormoncocktail abgespeichert. Mit welchem Gefühl, also mit welcher Hormonausschüttung wir auf einen Sinnesreiz reagieren, hängt von der Programmierung ab.

der Redaktion sitzt und versucht, einen schwierigen Text zu lesen, reicht es aus, dass die Kollegin gegenüber mit dem Füllhalter Notizen auf einem Blatt Papier macht, um Mara das Gefühl zu geben, sie könne den Text, den sie gerade liest, nicht erfassen – sozusagen die Prüfung nicht bestehen. Allein das Geräusch der kratzenden Feder reicht aus, das alte Angstgefühl hervorzurufen.
Sind diese Reaktionen einmal programmiert, so laufen bei ähnlichen Reizen immer wieder die gleichen Mechanismen ab. Wir glauben immer, Lebewesen mit einem freien Willen zu sein, aber das stimmt nur bedingt. Wenn ein Reiz, wie z. B. ein Geruch oder eine bekannte Situation, auftritt, so wird in Bruchteilen von Sekunden der gleiche Hormoncocktail ausgeschüttet, der uns traurig, ängstlich oder hungrig macht. Wir erleben dann die gleiche Emotion wie bei der Erstprogrammierung. Unser Unterbewusstsein macht dabei keinen Unterschied zwischen der realen Situation und der Imagination.

Emotionen steuern unser Leben

Gefühle führen ein mächtiges Eigenleben. Was uns bei Glücksgefühlen sehr willkommen ist, lässt uns bei negativen Gefühlen schier verzweifeln. Dabei reicht schon eine neue Erkenntnis oder neue Bewertung der Situation aus, um uns in Sekundenschnelle wieder glücklich und entspannt fühlen zu lassen.
Kennen Sie das? Sie liegen abends todmüde im Bett und fühlen, wie Sie sanft ins Reich der Träume hinübergleiten. Plötzlich durchfährt Sie der Schrecken wie ein Blitz! Sie haben etwas Wichtiges für den morgigen Tag vergessen. Sie sitzen aufrecht im Bett, hellwach, das Herz klopft bis zum

Hals und an Weiterschlafen ist nicht mehr zu denken. Positives Denken nach dem Motto: »Ich habe Vertrauen. Alles wird gut. Ein guter Geist wird mir schon helfen« wird Sie wohl kaum weiterschlafen lassen. Weil Sie nicht fühlen, was Sie denken. Wenn Ihnen jetzt aber plötzlich einfällt, dass Sie sich im Tag vertan haben und dass Sie am nächsten Tag noch genug Zeit haben werden, die fragliche Aufgabe zu erledigen, werden Sie eine tiefe Erleichterung fühlen. Das ist ein

starkes Glücksgefühl. Sie atmen tief durch und spüren, wie Sie wieder müde werden, der Herzschlag sich wieder normalisiert und Sie selig in Morpheus' Arme sinken.
Ein zweites Beispiel: Können Sie sich noch erinnern, wie Sie sich fühlten, als Sie das letzte Mal so richtig verliebt waren! Sie hatten die berühmten Schmetterlinge im Bauch, glänzende Augen, rosige Wangen, Sie fühlten sich voller Energie, brauchten kaum Schlaf, Sie hätten Bäume ausreißen können. Selbst das scheußlichste Novemberwetter konnte Ihre Stimmung nicht trüben. Sie fanden es wunderbar, denn schließlich war es das ideale Wetter zum Kuscheln. Und dann kam irgendwann der Absturz. Sie hatten Streit mit Ihrem oder Ihrer Liebsten, alles schien aus und vorbei. Sie fühlten sich ungeliebt, einsam, Liebeskummer quälte Sie. Ihr Körper fühlte sich an wie bei einer schweren Grippe: energielos, ausgepowert, krank. Und plötzlich klingelte das Telefon. Ihr Partner oder Ihre Partnerin rief an und bewies Ihnen durch zärtliche Worte, dass Sie doch geliebt wurden.

Stresshormone blockieren unsere Energie im Körper. Psychosomatische Beschwerden und Krankheiten sind die Folge. Glückshormone bauen Stresshormone in Sekunden ab und schützen so das Immunsystem. Und genau das ist Sinn und Zweck eines jeden Suchtprogrammes.

Plötzlich waren alle negativen Gedanken verschwunden. Sie legten den Hörer auf und fühlten sich wieder, als könnten Sie Bäume ausreißen. Ihr Körper war wieder voller Energie. Das schafft kein Medikament, das können nur unsere Gefühle, unsere körpereigenen »Drogen«.
Stresshormone blockieren unsere Energie im Körper. Psychosomatische Beschwerden und Krankheiten sind die Folge. Glückshormone bauen Stresshormone in Sekunden ab und schützen so das Immunsystem. Und genau das ist Sinn und Zweck eines jeden Suchtprogrammes.

Die Programme sind über positive Emotionen in Verbindung mit dem Essen entstanden und können nur durch negative Emotionen in Verbindung mit dem Essen gelöscht werden.

Unsere Suchtprogramme

Essen im trauten Kreis der Familie, Kindergeburtstage, Weihnachten, Süßigkeiten bei Tränen oder guten Noten – all das sind Situationen, in denen wir glücklich waren, uns geborgen und geliebt fühlten, Situationen, in denen unser Körper Glückshormone ausgeschüttet hat. Wenn wir unglücklich oder frustriert sind, Ärger oder Angst haben, werden permanent Stresshormone ausgeschüttet. Hier meldet sich das Unterbewusstein mit dem erlernten Programm »Du musst jetzt essen, um Glückshormone zu produzieren, die die Stresshormone in Sekunden abbauen. Dieses Programm ist ein vermeintliches Hilfsprogramm, ein Überlebensprogramm und wird gnadenlos eingesetzt bei Langeweile, Frustration oder Ärger. Das Unterbewusstsein will uns also zwingen zu essen, um das Immunsystem zu schützen – auch wenn diese Information nicht mehr stimmt. Denn viele haben schon während des Essens ein schlechtes Gewissen und sind weit entfernt, Glück zu empfinden. Aber die rationale Erkenntnis, dass Essen nicht mehr glücklich macht, hilft Ihnen nicht, Ihr Essverhalten zu verändern. Das Unterbewusstsein kann ich

nicht über den Verstand erreichen, sondern nur über Emotionen – und zwar entgegengesetzte Emotionen.
Ein Beispiel, das Sie sicher kennen: Vielleicht hatten Sie schon einmal eine Lebensmittelvergiftung mit Ihrem Lieblingsessen, oder in Ihrer Jugend eine Alkoholvergiftung. Das heißt, Sie haben etwas mit sehr negativen Gefühlen erlebt, das Sie vorher gerne mochten. Das Gehirn hat diese Erfahrung als Schutzprogramm abgespeichert. Und wenn Sie nur daran denken, wird es Ihnen mulmig im Bauch. Dies ist ein Schutzprogramm des Unterbewusstseins, um uns zu warnen vor dem, was uns nicht gut tut. Sie können immer davon

ausgehen, dass Ihr Unterbewusstsein Ihr bester Freund ist und immer versucht, Sie zu schützen und Sie am Leben zu erhalten. Der Hormoncocktail, der in Verbindung mit dem Angst- oder Ekelgefühl abgespeichert wurde, wird in Sekundenschnelle wieder ausgeschüttet.

Wohlfühl- oder Suchtprogramme sind eigentlich nichts anderes als vermeintliche Hilfsprogramme. So hat das Unterbewusstsein in der Regel das Essen als eine Erfahrung gespeichert, die in der Kindheit immer wieder mit Glücksgefühlen erlebt wurde, d.h. mit der Ausschüttung von Glückshormonen verbunden war. Und es setzt diese Erfahrung ein, wenn durch negative Gedanken Stresshormone ausgeschüttet werden, um durch die Glückshormone die Stresshormone abzubauen und so das Immunsystem zu schützen. Das ist der Grund, warum Sie ständig ans Essen denken, wenn Sie Langeweile haben oder frustriert sind. Umgekehrt haben Sie sicher auch schon erlebt, dass Sie – wenn Sie glücklich oder verliebt waren – das Essen vergessen haben. Dies bestätigten mir fast alle meine Seminarteilnehmer. Warum? Wenn Sie glücklich sind, produzieren Sie keine Stresshormone, und ohne Stresshormone bleibt Ihr Suchtprogramm passiv.

Wenn ein Programm einmal installiert ist, bleibt es für den

Wir haben zwei Zentren im Gehirn

- **Das rationale Zentrum. Dort laufen alle kognitiven Vorgänge ab, also alles, was mit Denken zu tun hat.**
- **Das emotionale Zentrum, das so genannte limbische System. Dort werden alle Informationen gespeichert, die mit Gefühlen zu tun haben, und ebenso wieder über die Sinnesreize abgerufen. Und genau hier sind auch die Suchtprogramme gespeichert.**

Rest des Lebens erhalten und steuert uns in unserem Denken, Fühlen und Handeln – auch wenn die jeweilige Information nicht mehr richtig ist, wie z. B. beim Suchtprogramm. Als Kind hat uns das Essen vielleicht getröstet oder immer wieder glücklich gemacht. Einen Erwachsenen mit Übergewicht macht es nicht mehr glücklich. Und trotzdem können wir über den Verstand diese Informationen nicht verändern. Auch wenn ich genau weiß, dass das Essen mich nicht mehr glücklich macht, so wird es das Unterbewusstsein nicht erfahren, weil wir im Gehirn zwei Zentren haben, das rationale und das emotionale.

Das Erlösende beim emotionalen Schlankheitstraining ist, alles ist erlaubt. Sie dürfen essen, was Sie wollen und so viel Sie wollen. Es gibt nur ein Verbot: Diät!

Das ist die Erklärung, warum Suchtprogramme über den Verstand und über Disziplinierung nicht zu ändern sind. Und genau aus dieser Erkenntnis heraus habe ich das »emotionale Schlankheitstraining« entwickelt.

Ein besonders krasses Beispiel sind Bulimie-Kranke. Sie sitzen weinend vor dem Kühlschrank, müssen essen und essen. Und je trauriger sie werden, desto mehr schüttet ihr Körper Stresshormone aus und desto mehr müssen sie essen. Manuela hat diesen teuflischen Kreislauf eindrücklich geschildert.

»Die Bulimie hat mich 15 Jahre beherrscht. Ich habe versucht, dagegen anzukämpfen, aber immer ohne Erfolg. Keine Therapie hat mir geholfen. Ich habe Lebensmittel gestohlen, da mein Gehalt nicht ausreichte, die Unmengen an Essbarem zu bezahlen, die ich täglich aß und anschließend wieder auskotzte. Seit ich das Seminar besucht habe, hat sich mein Leben total verändert. Da ich durch die Bulimie gefühllos geworden war, ist es jetzt, vier Wochen nach dem Seminar, für mich wie ein Wunder: Ich fühle wieder wie als Kind, und es sind meine Gefühle. Das »Essenmüssen« beherrscht mich nicht mehr, ich fühle mich so frei, so unbeschreiblich frei.«

Esssüchtige sind nicht süchtig nach dem Essen, sondern nach dem Glücksgefühl, der Glücksdroge. Das normale Essverhalten, mit dem jeder Mensch auf die Welt kommt, funktioniert bei ihnen nicht mehr. Tiere in der Wildnis überfressen sich nicht. Aber Hunde und Katzen, die bei Menschen aufwachsen und die das Fressen in Verbindung mit Lob und Streicheleinheiten erleben, entwickeln ähnliche Suchtprogramme und werden dick.

Fast alle Kinder haben ein normales Essverhalten und hören auf zu essen, sobald sie satt sind – und wenn es noch so gut schmeckt. Diese sinnvolle Selbststeuerung von Hunger und Sättigung setzt durch das Emotionale Training bei den meisten Menschen schon am ersten Tag wieder ein. Denn die natürliche Kybernetik (Selbststeuerung) ist ja nie verloren gegangen und funktioniert prinzipiell bei Übergewichtigen wie bei Normalgewichtigen. Die Letzteren hören auf zu essen, wenn sie satt sind. Und wenn sie Hunger haben, überlegen sie nicht, wie viel Kalorien ihre Mahlzeit hat. Sie essen, was ihnen schmeckt und so viel sie wollen. Durch das Suchtprogramm jedoch hat das Essen eine Ersatzfunktion bekommen und überlagert die Gefühle von Hunger und Sättigung. Man hat ständig Appetit, aber keinen wirklichen Hunger, und das Gefühl der Sättigung stellt sich erst ein, wenn das Aufnahmevermögen wirklich restlos ausgeschöpft ist.

Die Rückmeldungen meiner vielen Seminarteilnehmer, die auf Fragebögen dokumentiert wurden, waren fast immer gleich: Das Sättigungsgefühl stellt sich viel eher ein. Man kann den Teller nicht mehr leer essen. Und wenn man angenehm satt ist, denkt man nicht mehr ans Essen – auch wenn man von Buffets oder Sahnetorten umgeben ist. Und genau darin liegt die große Befreiung. Essen bedeutet keine Gefahr mehr!

Damit Sie sich selbst überzeugen können von der Kraft Ihrer Gefühle, bitte ich Sie, folgende Übungen zu machen:

ÜBUNG **Zitrone – ein Schutzprogramm.**

Stellen Sie sich vor, in eine saftige Zitrone zu beißen. Was spüren Sie? Wenn sich Ihr Gesicht zusammenzieht und sich der Speichelfluss verstärkt, so ist das die Reaktion auf ein altes Schutzprogramm, wahrscheinlich aus der Kindheit. Fast alle haben als Kinder einmal Zitronensaft getrunken oder in eine Zitrone gebissen. Das oberste Epithel (Hautschicht) der Speiseröhre ist säureempfindlich und das Unterbewusstsein hat als Schutz Hormone ausgeschüttet, die den Speichelfluss in Gang gesetzt haben, um die Säure zu verdünnen. Das Unterbewusstsein macht keinen Unterschied, ob Sie wirklich in eine Zitrone beißen oder ob Sie es sich nur vorstellen. Der Hormoncocktail ist immer der gleiche.

ÜBUNG **Wie reagiert Ihr Körper auf Stress?**

Erinnern Sie sich an ein zurückliegendes Stress-Erlebnis, eine Situation, in der Sie vielleicht gedemütigt wurden, eifersüchtig waren oder Angst hatten. Schließen Sie die Augen und versuchen Sie die Situation noch mal zu erleben. Was fühlen Sie? Wo und wie spüren Sie es in Ihrem Körper? Meine Seminarteilnehmer spüren diesen psychischen Stress meist im Bauch, im Brustraum – d. h. eingeengte Atmung, Herzrasen, Druck im Hals oder Kopf, Verspannung im Rücken oder Schweißausbrüche. Typische psychosomatische Beschwerden also, Energieblockaden, die an den individuellen Schwachpunkten auftreten und bei Dauerstress zu ernsthaften Erkrankungen führen.

Entspannung pur **ÜBUNG**

Stellen Sie sich vor, Sie liegen in einer wunderschönen, einsamen Bucht am Meer. Sie spüren die Sonne warm auf Ihrer Haut. Sie spüren einen sanften Windhauch, der über Ihre Haut streicht, hören den regelmäßigen Rhythmus der Wellen – und lassen los. Es gibt nichts zu tun. Alles geschieht von selbst. Stellen Sie sich dieses Bild bitte mit geschlossenen Augen vor und bleiben Sie ca. eine Minute in diesem Paradies. Nun können Sie die Augen wieder aufmachen und überlegen: Was haben Sie gespürt? Was war mit Ihrer Atmung und Ihrer Muskulatur? Meine Seminarteilnehmer stellen immer wieder fest, dass sofort eine tiefe Atmung einsetzt und die Muskulatur sich dehnt. Keiner sagte ihnen, dass sie tief atmen oder die Muskulatur dehnen sollen. Dieses Bild ist als Entspannungsbild im Unterbewusstsein gespeichert. Glückshormone werden ausgeschüttet, die die Atmung vertiefen und die Muskulatur dehnen.

Sie sehen anhand dieser drei Bilder, dass jedes Mal ein anderer Hormoncocktail abgespeichert war und ausgeschüttet wurde. Wir haben unzählige Programme in uns und schütten Tag und Nacht, also auch wenn wir träumen, Hormone aus, die unbewusst körperliche und psychische Veränderungen auslösen. Auch der Volksmund sagt: »Wenn ich nur daran denke … dreht sich mir der Magen um, bekomme ich Herzklopfen, bekomme ich Gänsehaut, kommt mir die Galle hoch, wird mir schwindlig.« Diese Redensarten sagen genau das aus, was Sie jetzt selbst getestet haben. Durch Ihre permanenten Gedanken befinden Sie sich ständig im Wechselbad Ihrer Gefühle. Mit dem emotionalen Trainingsprogramm lernen Sie, gezielt Gefühle einzusetzen, um Suchtprogramme zu löschen, aber auch Angst- und Stressprogramme zu verändern. Das Selbstbewusstsein aufzubauen, den Stoffwechsel über positive Emotionen anzuregen und wieder intensiv die Welt zu erleben wie als Kind.

Die Wirkung des emotionalen Trainings

- Das Essen ist aus dem Kopf.
- Sie sind viel früher satt.
- Sie können nicht mehr viel Fett oder Süßes essen.
- Ihr Stoffwechsel arbeitet auf Hochtouren.
- Psychosomatische Beschwerden, wie z.B. Tinnitus, Migräne oder Neurodermitis, werden gelindert oder beseitigt.
- Ängste und Stress werden abgebaut.

Gesund durch Gefühle

Obwohl die Vorstellung, dass Körper und Geist eine Einheit bilden, schon in der Antike geläufig war und als Ausgangspunkt sämtlicher fernöstlichen Heilmethoden gilt, war sie als Grundlage einer seriösen wissenschaftlichen Betrachtung über Jahrhunderte unüblich.

Erst mit dem Ausgang des 19. Jahrhunderts, als Sigmund Freud mit der Psychoanalyse eine Therapieform für seelische Störungen entwickelte, die sich fast ausschließlich mit den unbewussten Vorgängen in uns, also mit dem Unterbewusstsein befasst, trat eine Wandlung ein. Diese stellt eine bis heute auch von Schulmedizinern anerkannte und angewandte Methode dar, die von den Krankenkassen bezahlt wird. Erst das Aufkommen der Psychiatrie und Psychoanalyse, die den Begriff der »psychosomatischen Krankheiten« geprägt haben, führte die Vorstellung, dass geistige Störungen zu körperlichen Erkrankungen führen können, wieder in das westliche medizinische Denken ein.

Schon Sigmund Freud hat betont, wie wichtig die so genannte »affektive Entladung« sei. Damit ist gemeint, dass der Patient Emotionen spüren muss, damit sich seelische Schmerzen lösen. Und auch Prof. Helmut Woelk, Ärztlicher Direktor der Uniklinik für Psychiatrie in Gießen, sagt: »Es gibt keinen Erfolg in der Psychotherapie, wenn der Therapeut es nicht schafft, an die Emotionen des Patienten zu kommen.«

Erkenntnisse aus der Emotionsforschung

Mit dem Zusammenspiel zwischen Körper, Geist und Seele befasst sich eine relativ junge Wissenschaft, die Psychoneu-

roimmunologie, kurz PNI. Sie verbindet die Fachrichtungen Psychologie, Neurologie und Immunologie, beschäftigt sich also mit den Wechselwirkungen zwischen Psyche, Nervensystem, Hormonsystem und den körpereigenen Abwehrkräften, dem Immunsystem.

Wenn uns ein Sinnesreiz von außen erreicht, beginnt in unserem Körper ein hochkomplexer Vorgang, der – sehr vereinfacht – so abläuft: Die Information des ankommenden Sinnesreizes wird über die Nervenbahnen zum Gehirn transportiert. Dabei spielen so genannte Neurotransmitter – das sind chemische Botenstoffe – eine wichtige Rolle. In Sekundenbruchteilen, also schneller, als wir bewusst denken können, setzt das Gehirn alle Hebel in Bewegung, damit wir situationsgerecht reagieren können, und das heißt, es schüttet Neurohormone aus.

Diese Hormone sind ebenfalls Botenstoffe, die von speziellen Zellen produziert werden, um in anderen Zellen bestimmte Reaktionen auszulösen – ein wechselseitiges Geschehen, durch das die Stoffwechselaktivitäten der Zellen aufeinander abgestimmt werden. Dieses hochkomplizierte Regelsystem dient dazu, angesichts ständiger Einflüsse und Störungen aus der Umwelt unser körperlich-seelisches Gleichgewicht zu bewahren. All diese Informationen dienen der Gesunderhaltung und dem Schutz unseres Immunsystems, sie lassen uns Gefahren erkennen und entsprechend reagieren. Jede Zelle trägt somit die Informationen dessen in sich, was wir im Laufe des Daseins erlebt haben.

Ich habe in einem wunderschönen Seminarhotel mit zwölf Teilnehmern ein Seminar abgehalten, und im gleichen Hotel arbeitete ein Psychologen-Ehepaar mit einer Therapieform, die sich »Waterbalancing« nennt. Wir wurden eingeladen, mit der ganzen Gruppe diese Entspannungsmethode auszuprobieren. Dazu gab es ein Schwimmbecken in

einem abgedunkelten Raum. Nur wenige Lichtreflexe spiegelten sich an der Decke, das Wasser hatte Körpertemperatur, und jeder von uns legte sich mit einer Nackenstütze und einer Stütze unter den Kniekehlen ins Wasser und wurde von einem Therapeuten sanft durchs Wasser gezogen. Die Ohren lagen dabei unter Wasser, und man hörte sphärische Klänge. Man spürte eine wunderbare Entspannung. Nach einer halben Stunde beendeten wir diese Übung und fast alle schauten verklärt und glücklich. Jeder der Probanden hatte die Empfindung gehabt, ein Embryo zu sein. Jedoch waren drei in der Gruppe, die wussten, dass sie abgetrieben werden sollten, und genau diese drei Teilnehmerinnen spürten keine Entspannung. Im Gegenteil empfanden sie von dem Augenblick an, da sie im Wasser lagen, wie auf Knopfdruck Horror und Panik, und das Herz klopfte ihnen, als ob es aus der Brust springen wollte. Das Faszinierende war für mich zu sehen, dass das Unterbewusstsein selbst vorgeburtliche Gefühle speichert. Und wenn ein bestimmter Reiz erfolgt – in diesem Fall wie ein Embryo bei Dunkelheit schaukelnd und schwebend in körperwarmem Wasser liegen –, löst er den Hormoncocktail aus, der Panik und Herzklopfen hervorruft.

Eine im Unterbewusstsein abgespeicherte Kombination von Reiz und seelisch-körperlicher Reaktion lässt sich bei weitgehend identischer Wiederholung dieses Reizes wieder abrufen.

Mich interessierte in diesem Fall, ob auch dann der Angst-Hormoncocktail ausgelöst wird, wenn man den Reiz geringfügig verändert. Am nächsten Tag machten wir die gleiche Übung in einem hellen Becken mit einer Glaskuppel an der Decke. Auch hier hatte das Wasser Körpertemperatur, und man lag wie ein Embryo im Wasser, aber es fehlte die Dunkelheit. Und siehe da, keiner der drei Probanden reagierte mit Angst. Dieses Beispiel zeigt: Eine im Unterbewusstsein abgespeicherte Kombination von Reiz und seelisch-körperlicher Reaktion lässt sich bei weitgehend identischer Wiederholung dieses Reizes wieder abrufen.

Immunsystem und Unterbewusstsein

Ihr Unterbewusstsein ist Ihr bester Freund. Sie müssen nur lernen, mit ihm zu kommunizieren. Und das geht nur über Emotionen.

Das Unterbewusstsein speichert alle Informationen, die der Mensch erhält, und setzt sie zum Schutz des Immunsystems ein. Dazu einige Beispiele:

Jeder Psychotherapeut weiß, dass Patienten, die in der Kindheit oder auch später traumatische Erlebnisse hatten, sich meist nicht mehr daran erinnern können. Das Unterbewusstsein hat sie verdrängt, um das Immunsystem zu schützen. Sie wissen bereits, dass das Unterbewusstein keinen Unterschied macht, ob ich etwas in der Realität erlebe, oder ob ich nur daran denke. Hormonell geschieht das Gleiche. Stresshormone, ausgelöst durch die Horrorvision, würden das Immunsystem zusammenbrechen lassen.

Ein anderes Beispiel: Kinder, die eine furchtbare Kindheit haben, leben in Tagträumen. Sie erleben sich darin meist als Helden, werden bewundert und geliebt – und produzieren dadurch Glückshormone, die die Stresshormone, ausgelöst durch Angst, Trauer, Wut, abbauen. Keiner bringt den Kindern diese Technik bei. Das Unterbewusstsein setzt sie automatisch ein.

Drittes Beispiel: Auch das Suchtprogramm ist eigentlich ein Programm zum Schutz des Immunsystems. Das heißt, die Information, dass Essen glücklich macht, wird eingesetzt, wenn durch negative Gedanken freigesetzte Stresshormone im Körper wirksam sind.

Warum das Unterbewusstsein solche Techniken einsetzt, verdeutlicht eine Studie aus der Schlafforschung:

In einem wissenschaftlichen Experiment wurden Ratten tagelang am Schlafen gehindert. Nach 20 Tagen starben die Tiere. Man hat sie seziert: Sie sind nicht etwa am Schlafmangel gestorben, sondern an ganz banalen Infekten, die normalerweise nie letal enden. Stresshormone hatten das Immunsystem der Tiere total blockiert.

Diese Beispiele zeigen, wie das Unterbewusstsein immer bemüht ist, Wege zu finden, um Sie und Ihr Immunsystem zu schützen und Sie so am Leben zu erhalten.
Eine von dem Psychologen David McClelland an Studenten durchgeführte Harvard-Studie hat ergeben, dass sich bei den Probanten der Ausstoß eines Antikörpers, des Speichel-IgA, erhöhte, wenn man ihnen einen Film über Mutter Theresa zeigte, mit dem Gefühle wie Liebe und Fürsorge hervorgerufen wurden. Dieser Antikörper hat eine wesentliche Schutzfunktion bei Erkältungen und Infektionen der oberen Atemwege. Zeigte man den Studenten einen Film über den Hunnenkönig Attila oder einen anderen Film, der Empfindungen wie Hoffnungslosigkeit und Hilflosigkeit auslöste, konnte man eine Senkung des IgA-Spiegels im Speichel feststellen.

Lernen Sie bewusst, Ihre Gefühle einzusetzen. So schützen Sie Ihr Immunsystem und erhöhen Ihre Antikörperproduktion gegen Infektionen.

Was bei Stress passiert

Bei Stress, Trauer, Angst oder Wut schüttet unser Körper verstärkt Stresshormone aus. Diese »Stresskaskade« ist eine überaus nützliche physiologische Einrichtung, die lebensrettend sein kann. Denn Stress wird vom Gehirn übersetzt mit: »Kämpfe oder flüchte!« (»fight or flight reaction«). An die Nebennieren geht der Befehl, das Stresshormon Cortisol auszuschütten. Cortisol stellt für kurze Zeit ein hohes Maß an Energie bereit, unterdrückt aber gleichzeitig das Immunsystem – wichtig im medikamentösen Einsatz bei allergischen Reaktionen. Pulsfrequenz und Blutdruck steigen an, Zuckermoleküle gelangen vermehrt in den Blutkreislauf, um zusätzliche Energie für Kampf oder Flucht bereitzustellen. Die Skelettmuskulatur wird mit energiegeladenem Blut versorgt. Der Körper tut also alles dafür, dass wir innerhalb von Sekunden angreifen oder flüchten können. Körperfunktionen, die in Stresssituationen nicht wichtig, ja sogar hinderlich sind, werden heruntergefahren. (Stellen Sie sich vor, der Löwe steht vor der Höhle und Sie müssten erstmal hinter einem Busch verschwinden.) Die Verdauungsorgane erhalten weniger Blut, die Nierenfunktion wird eingeschränkt, das heißt, Wasser wird im Gewebe angesammelt. Ebenso wird die Versorgung der Geschlechtsorgane eingeschränkt, und das ist auch der Grund, dass Menschen im psychischen Dauerstress weniger Lust auf Sex haben.

Es gibt zwei verschiedene Stress-Typen

Stressforscher haben herausgefunden:

- **75% aller Menschen nehmen bei psychischem Stress zu.**

- **Negative Gefühle machen krank, weil sie das Immunsystem blockieren.**
- **Positive Gefühle heilen, weil sie Stresshormone abbauen und die Energieblockaden auflösen.**

Das emotionale Schlankheitstraining nutzt diese Körperreaktionen. Es arbeitet mit starken positiven Gefühlen, die durch meditative Energieübungen, die »5 Harmonys« vermittelt werden. Um starke Emotionen zu erleben, ist das Trainingsprogramm auf einer Doppel-CD produziert worden. Sehnsuchtsbilder und große Filmmusik, die genau auf den Text komponiert wurde, ermöglichen Ihnen, täglich mit starken Emotionen zu arbeiten. (Mehr dazu ab Seite 76)

Die dadurch entstehenden Glücksgefühle bauen Stresshormone in Sekunden ab und beseitigen so psychosomatische Beschwerden oder Krankheiten. Der Stoffwechsel wird kräftig angeregt, was das Abnehmen erleichtert. Durch den Abbau von Stresshormonen entwässert der Körper, die Darmfunktion wird verstärkt und Sie fühlen sich voller Energie.

Normalerweise wird dieses »Notfallprogramm« nach einer Weile wieder zurückgefahren, und Entspannung tritt ein. Ist das nicht der Fall, etwa bei Dauerstress oder unter dem Einfluss permanent negativer Gefühle, bleibt der Körper im Alarmzustand, das Immunsystem wird geschädigt, der Darm ist verkrampft (Verstopfung), Wasser bleibt im Gewebe eingelagert, und die Muskulatur ist verspannt. Das heißt:

Der Glaube schafft unsere Realität

Wie wir über unseren Glauben physiologische Körperfunktionen in Gang setzen können, beweisen drei Beispiele aus der Hypnoseforschung:

Einem Patienten wurde unter Hypnose suggeriert, dass ein Bleistift, mit dem man seine Haut berührte, eine brennende Zigarette sei. Er reagierte sofort mit einer Brandblase.

Einem anderen Patienten suggerierte man, dass das Wasser, das er in Hypnose zu trinken bekam, Zuckersirup sei. Der Blutzuckerspiegel des Patienten stieg sofort an, was anhand einer Blutentnahme nach der Hypnose nachgewiesen wurde. Der Blutzuckerwert vor der Hypnose war deutlich niedriger gewesen. Einem anderen Patienten wurde unter Hypnose suggeriert, das Zimmer sei überheizt, woraufhin der Patient mit Schweißausbrüchen reagierte.
Untersuchungen aus der Allergieforschung haben gezeigt, dass Patienten, die an einer Primelallergie litten, mit einem Asthma-Anfall reagierten, als sie einen Raum betraten, in dem Primeln auf der Fensterbank standen. Nur waren diese Primeln nicht echt, sondern aus Plastik.
Eine moderne Variante der alten Fakir-Kunststücke ist der berühmte Feuerlauf in Motivationsseminaren. Die Teilnehmer werden vom Motivationstrainer darauf eingeschworen, sich vorzustellen, dass ihre Fußsohlen angenehm kühl seien und sie über kühles Moos laufen würden. Mit dieser Suggestion laufen die Menschen aber in Wahrheit über glühende Kohlen. Wer davon überzeugt war, unter seinen nackten Fußsohlen kühles Moos zu fühlen, zeigte keine Brandblasen. Ohne entsprechende Vorbereitung ist dieses Experiment nicht zu empfehlen! Sie werden sich die Füße verbrennen.
Ein tragisches Beispiel dafür, wie der Glaube unsere Realität schafft, ging vor Jahren durch die Presse: Ein Mitarbeiter einer Tiefkühlkost-Firma wurde versehentlich in einem Kühlwagen eingesperrt. Er starb an Erfrierungen, obwohl das Kühlaggregat nachweislich ausgeschaltet war. Panik, Angst und die feste Überzeugung, zu erfrieren, haben physiologisch bewirkt, dass die Körpertemperatur abgesenkt wurde. Das ist normalerweise ein Schutzmechanismus, der es dem Körper erlaubt, in der Kälte länger zu überleben. Nach einer gewissen Zeit allerdings gibt der Körper auf.

Placebos heilen

Auch Schulmediziner arbeiten inzwischen mit dem so genannten Placeboeffekt. Große Versuchsreihen haben gezeigt, dass Patienten, die mit einem anerkannten Schmerz- oder Kreislaufmittel behandelt wurden, prozentual nicht viel mehr Wirkung zeigten als jene Patienten, die nur glaubten, ein Schmerz- oder Kreislaufmittel eingenommen zu haben, in Wahrheit jedoch eine Tablette ohne Wirkstoff erhalten hatten. Der feste Glaube an die Wirkung des Medikaments bewirkte den Anstieg des Blutdrucks oder die Schmerzfreiheit. Placebos werden heute sogar schon in Apotheken verkauft. Wenn der Arzt überzeugt ist, dass der Patient auf ein Placebo-Präparat gut anspricht, so wird er zum Beispiel ein wirkstofffreies Schlafmittel verschreiben, und in den meisten Fällen können die Patienten wunderbar damit schlafen. Wüssten sie allerdings, dass es ein Placebo-Präparat ist, wäre es mit der Wirkung sofort vorbei.

Wir sind das, was wir glauben. Wir glauben das, was wir fühlen. Wir sind das, was wir fühlen.

Sie überzeugen durch Gefühle, nicht durch Worte

In Firmen- und Rhetorikseminaren hört man, dass ca. 80 % der Überzeugungskraft in einem Vortrag von Stimme, Sprache und Mimik ausgehen. Nur zu einem verschwindend geringen Anteil, nämlich etwa 20 %, überzeugt der Inhalt. Das können Sie sicher nachvollziehen. Wenn Ihnen jemand mit hängenden Schultern und heruntergezogenen Mundwinkeln erzählt, wie erfolgreich, selbstbewusst und glücklich er ist, kommen Ihnen sicher Zweifel. Sie glauben nicht seinen Worten, Sie glauben seiner Ausstrahlung.
Machen Sie doch einmal eine Übung, um selbst festzustellen, wie Ihr Gesicht sich durch Gefühle verändert. Schauen

Sie Ihr Gesicht im Spiegel an. Wirkt es entspannt, frustriert oder müde? Oder sind Sie in der glücklichen Situation, dass Ihr Gesicht strahlt? Denken Sie jetzt an jemanden, der Sie sehr verletzt oder gedemütigt hat und auf den Sie wütend sind. Versuchen Sie die Konfliktsituation noch einmal zu durchleben und beobachten Sie dabei Ihr Gesicht. Und nun denken Sie an einen Menschen, den Sie lieben. Stellen Sie sich vor, wie Sie in den Arm genommen, gestreichelt werden, und durchleben Sie noch einmal eine Situation mit diesem Menschen, in der Sie Geborgenheit und Liebe gespürt haben. Beobachten Sie dabei wiederum Ihr Gesicht. Merken Sie den Unterschied? Jeder Gesichtsmuskel verändert sich durch Hormonausschüttungen, das heißt: Bei negativen Gefühlen gehen die Mundwinkel nach unten, die Augen schauen müde, und die Haut ist schlecht durchblutet. Wenn Sie einen Menschen mögen oder bei positiven Gedanken entspannt sich Ihr Gesicht, die Augen bekommen einen freundlichen Ausdruck, die Mundwinkel gehen nach oben, und ein Lächeln hellt Ihr Gesicht auf.

Diese Übung zeigt: Wir sind das, was wir fühlen. Und das fühlen auch andere. Seien Sie vorsichtig mit Ihren Gedanken. Man glaubt nicht Ihren Worten, sondern Ihren Gefühlen.

Sie schaffen sich Ihre Realität durch Ihren Glauben.

- **Wenn Sie glauben, Sie haben die Veranlagung zum Dickwerden,**
- **wenn Sie glauben, dass jedes Essen Sie dick macht,**
- **wenn Sie glauben, dass alle anderen schöner, intelligenter und liebenswerter sind,**

so ist das Ihre Realität, und Ihr Unterbewusstsein arbeitet dementsprechend. Programmieren Sie sich um! Und glauben Sie mir, es funktioniert!

Diäten machen dick

Eine Seminarteilnehmerin erzählte mir folgende Geschichte: Sie heiratete vor 25 Jahren ihre große Liebe. Sie wog damals 52 Kilo, und ihr Mann, der sie auch sehr liebte und eine Vorliebe für besonders zierliche Frauen hatte, wünschte sich, dass sie noch zwei Kilo abnehmen solle. Daher begann sie mit ihrer ersten Diät, und aus den zwei Kilo weniger sind im Laufe der Jahre 52 Kilo mehr geworden. Hatte sie zuvor überhaupt keine Probleme mit dem Essen, so fingen diese mit ihrer ersten Diät an.
Amerikanische Ärzte und Wissenschaftler sind heute fest davon überzeugt, dass Diäten dick machen.

Diäten wirken nur symptomatisch und gehen nicht an die Ursache des Übergewichts. Diese liegt in einem falschen Essverhalten und einem verminderten Stoffwechsel. Mit dem emotionalen Schlankheitstraining beheben Sie die Ursache, Sie verändern das Essverhalten auf Dauer und aktivieren über Emotionen den Stoffwechsel.

Annerose S. berichtet, was das »emotionale Training« bei ihr bewirkt hat: »Meine gesamte Einstellung zum Essen hat sich verändert. Ich esse nur noch, wenn ich Hunger habe, aber dann mit Genuss. Und was noch viel wichtiger ist, ›es‹ isst mich überhaupt nicht mehr. Das Essenmüssen ist bis auf wenige Anfälle ganz weg. Ich fühle mich jetzt viel besser, fühle mich mehr, achte auf mein Körpergefühl. Ich achte mich in meinem Körper und lehne mich nicht bei jedem Bissen ab. Und ich lache über die Diätkuren in den Zeitschriften, weil ich begriffen habe, dass ich im Kopf abnehmen muss, mit Freude und nicht mit Verboten.«

Das Jojo-Syndrom

Viele Kurorte bieten Fastenkuren an. Solche Kuren sind etwas sehr Positives, wenn sie dazu dienen, den Körper zu entgiften und den Geist zu klären. Doch die meisten Teilnehmer kommen mit der Erwartung abzunehmen und glauben auch, dieses Gewicht dann halten zu können. Mir erzählte ein Kurhotel-Direktor stolz, sein Haus habe viele Stammkunden, die schon seit zwanzig Jahren kämen, um eine Fastenkur zu machen. Dabei musste er allerdings einräumen, dass fast alle Stammgäste im Laufe der zehn oder zwanzig Jahre im Durchschnitt zehn bis zwanzig Kilo zugenommen hätten. Solche Diäten nützen nur dem Kurhotel, nicht dem Übergewichtigen.

Amerikanische Ärzte und Wissenschaftler sind heute fest davon überzeugt, dass Diäten dick machen.

Amerikanische Forscher bezeichnen die Wechselfolge von Diäten und schneller Gewichtszunahme als »Jojo-Syndrom«. Sie fanden heraus, dass Übergewichtige ihre Nahrung umso besser verwerten, je mehr Diäten sie machen. Bereits nach 24 Stunden 1000-Kalorien-Diät reduziert sich der Grundumsatz deutlich. Das heißt, jede Kalorie wird doppelt verwertet, und noch lange nach der Diät arbeitet der Körper mit einem reduzierten Grundumsatz. Aus diesem Grund fragen sich heute die Wissenschaftler, ob es nicht besser ist, gar keine Diäten mehr zu machen, da in 80 % aller Fälle das alte Gewicht nach kurzer Zeit wieder erreicht ist.

In den USA heißt die neue These: »The less you diet, the more you'll loose.« (Je weniger Diäten du machst, desto mehr wirst du abnehmen.)

Denn der menschliche Körper ist so konzipiert, dass er Depots anlegt. Nach einer Diät bunkert er Nahrungsstoffe und Fett, um für schlechte Zeiten, nämlich die nächste Diät, vorzusorgen.

Diäten – meist der Auslöser von Übergewicht

Der Jojo-Effekt ist auch der Grund, warum fast alle Übergewichtigen verzweifeln. Hierzu die Erfahrung von Veronika B., die sicherlich symptomatisch ist für viele: »Der größte Wahnsinn bei allen Diäten war für mich immer, dass ich fast ununterbrochen an das Essen, das ich nicht essen durfte, gedacht habe. Und dann natürlich gesündigt habe, wenn alles vorbei war. Und nach kurzer Zeit war alles wieder drauf. Eierkur: Schon nach dem zweiten Tag konnte ich Eier nicht mal mehr riechen. Ich spüre jetzt noch, wenn ich daran denke, den Dotterstaub im Mund. Trockene Semmeln: Nehmen jeden Spaß am Leben, machen meine sinnliche Freude am Essen kaputt. Ananas-Kur: Macht mich kaputt. Ich bin froh um das Schlankheitstraining, das diesem Wahnsinn ein Ende bereitet hat.«

Kybernetik: Die Selbststeuerung des Körper

Unser Körper ist genial konzipiert. Alle Organfunktionen und Lebensäußerungen, die zum Überleben wichtig sind, wie Schlaf, Hunger und Sättigung, Schutz des Immunsystems, Versorgung des Körpers mit Vitaminen und Mineralstoffen, laufen über das autonome System. Man nennt es auch die Selbststeuerung des Körpers oder die Kybernetik. Sie müssen nicht überlegen, ob Ihr Herz regelmäßig schlägt, Ihr Magen richtig arbeitet, die Niere entgiftet und entwässert. Noch kein Mensch hat das Essen vergessen, und auch der Schlaf wird durch bestimmte Regelkreise automatisch eingeleitet. Bei all diesen Selbststeuerungsvorgängen sind wiederum Hormone beteiligt. Wir alle kommen auf die Welt mit einer optimal funktionierenden Kybernetik. Hunger und

Sättigung funktionieren so, wie sie sollen. Fast alle Kinder haben ein normales Essverhalten. Wenn sie satt sind, lassen sie die Reste auf dem Teller, und wenn es noch so gut schmeckt. Erst wenn sie vordergründig das Essen in Verbindung mit Liebe, Geborgenheit oder anderen positiven Gefühlen erlebt haben, speichert das Unterbewusstsein diese Information und setzt sie als vermeintliches Hilfsprogramm ein, wenn Stresshormone ausgeschüttet werden. 75 % aller Erwachsenen in den Industrienationen haben ein falsches Essverhalten. Wenn man die Zusammenhänge kennt, kann man gut verstehen, warum das so ist. Von der ersten Stunde an erleben wir Essen in Verbindung mit Liebe und Geborgenheit. Ein Säugling, der schreit, weil er Zuwendung und Liebe möchte, und stattdessen immer die Flasche bekommt, speichert schon im Säuglingsalter: Wenn ich Liebe will, muss ich essen. Das funktioniert nicht nur beim Menschen.

Wild lebende Tiere überfressen sich nicht. Wenn sie aber mit Menschen zusammenleben und das Fressen in Verbindung mit Streicheleinheiten erleben, konditionieren sie ebenfalls das Fressen in Verbindung mit Liebe und werden dick.
Durch die Suchtprogrammierung funktioniert die Selbststeuerung von Hunger und Sättigung nicht mehr. Fast alle Übergewichtigen haben permanent Appetit, aber keinen Hunger. Sie kennen auch nicht das Gefühl angenehmer Sättigung, sondern essen über diesen Punkt heraus. Diese optimale Steuerung von Hunger und Sättigung ist aber im Unterbewusstsein fest verankert und nie verloren gegangen. Sobald die Suchtprogrammierung durch neue emotionale Informationen überlagert wird, setzt sofort das normale Essverhalten wieder ein.
Zur Selbststeuerung des Körpers gehört auch, dass Mangelzustände angezeigt werden. Das kennen Sie alle: Wenn Sie Unterzucker haben, zum Beispiel bei gewissen Diäten, gieren Sie nach kohlenhydrathaltigen Nahrungsmitteln, wie Süßigkeiten, Kuchen und Brot. Sie hätten bei Unterzucker nie Lust auf Salat oder Fleisch. Wenn Sie bei Unterzucker einen mit Süßstoff gesüßten Diätjoghurt äßen, würde die Gier nach Süßem nicht aufhören, denn Ihr Unterbewusstsein lässt sich nicht betrügen.
Umgekehrt hätten Sie bei Eisenmangel keine Lust auf Salat, sondern auf Fleisch oder andere eisenhaltige Nahrungsmittel. Frauen in der Schwangerschaft haben ihre sprichwörtlichen Gelüste, weil ihnen zum Beispiel Mineralstoffe oder Vitamine fehlen. So hatte ich in der Schwangerschaft bei Übelkeit eine extreme Lust auf Tomatenbrot. Nach dem Genuss eines solchen Brotes war die Übelkeit wie weggeblasen, und mir ging es wieder gut. Wie sich herausstellte, litt ich unter Kaliummangel, und ich gierte nach Tomaten, weil Tomaten kaliumhaltig sind. Das bedeutet, dass alle Inhalts-

stoffe eines Nahrungsmittels vom Unterbewusstsein wahrgenommen und registriert werden. Bei Mangel zwingt uns das Unterbewusstsein, genau jene Nahrungsmittel zu essen, in denen die fehlenden Mineralstoffe oder Vitamine enthalten sind. Allerdings hätte ein Eskimo bei Kaliummangel sicher keine Lust auf Tomaten, weil er sie nicht kennt. Das Unterbewusstsein kann nur die Informationen einsetzen, die es erlernt hat.

Wenn Sie Diäten machen, steuern Sie permanent gegen dieses genial konzipierte Selbststeuerungssystem. Hören Sie nicht auf Diäten, sondern lernen Sie mit dem »emotionalen Training« wieder auf Ihren Körper zu hören.

Kalorien zählen ist sinnlos

Noch ein Toast, Speck mit Ei, Kalorien einerlei ... Davon träumen alle Übergewichtigen. Die Kalorientabelle immer abrufbereit im Kopf, würden sie für dieses opulente Frühstück ungefähr 750 Kalorien berechnen, je nach Speck- und Bratfettmenge. Aber ein Übergewichtiger hat auch hierfür das trainierte, geschärfte Auge. Jahrelange Übung lässt ihn die Fettmenge richtig abschätzen und blitzschnell die Kalorienzahl berechnen. Kalorien, das Maß aller Dinge!
Doch die alten Grundsätze der Ernährungswissenschaften sind ins Wanken geraten. Der Diät-Wahnsinn und der Glaube, dass nur die Berechnung von Kalorien die Traumfigur ermöglicht, werden inzwischen von Ernährungswissenschaftlern stark angezweifelt. Denn die Kalorientabellen weisen reichlich dubiose Werte auf. Obwohl sich jeder zweite Bundesbürger ständig mit Kalorien abmüht, weiß eigentlich niemand so genau, wie diese dogmatischen Werte berechnet werden.
Haben Sie schon einmal das Wort »Bomben-Kalorimeter« gehört? Es darf nicht mit »Kalorienbombe« verwechselt werden. Diesem Gerät verdanken Sie die Berechnung einer jeden Kalorie. Pizza, Bratwurst oder Schwarzwälder Kirsch-

torte werden in einem Stahlzylinder erst einmal gefriergetrocknet. Die getrocknete Menge wird dann mithilfe eines Glühdrahtes unter hohem Druck geschmolzen. Der Bomben-Kalorimeter liegt während dieser Prozedur in einem Wasserbad von 14 Grad Celsius. Die Wärmemenge, die bei diesem Vorgang einen Liter Wasser von 14 auf 15,5 Grad Celsius erwärmt, wird berechnet als eine Kilokalorie.

Dieser ermittelte Wert ist der physikalische Brennwert. Um den auf den Körper bezogenen, tatsächlichen Brennwert zu ermitteln, zieht man den Brennwert der Ausscheidungen eines Menschen vom physikalischen Brennwert ab. Dieser Wert ist dann die »Netto-Energiezufuhr« oder die ermittelten Kalorien für Pizza oder Schwarzwälder Kirschtorte.

Anhand dieses Beispiels kommen Ihnen wahrscheinlich auch Zweifel. Der Lebensmittelchemiker Udo Pollmer kritisiert in seinem Buch »Prost Mahlzeit« dieses Verfahren als verstaubt und vorsintflutlich. Erstens variiert die Ausscheidungsmenge eines jeden Menschen. Zweitens verwendet Bäcker Müller vielleicht ein Drittel mehr Butter und Zucker in seiner Schwarzwälder Kirschtorte als Bäcker Huber. Und drittens kann man den Stoffwechsel eines Menschen nicht mit einem Ofen vergleichen. Im Körper verbrennt nichts, sondern es findet eine Oxidation statt. Und eine Oxidation ist ein völlig anderer Vorgang als eine Verbrennung in einem Ofen.

Am Beispiel von Kohle kann man dies verdeutlichen. Kohle hat zwar einen hohen Heizwert, liefert dem Körper aber keine Kalorien. Der Körper scheidet sie unverdaut wieder aus. Manche Stoffe werden zwar auch wie bei der Verbrennung in Kohlendioxid und Wasser umgewandelt, viele Substanzen aber auch in andere Grundelemente. Die Nahrung besteht auch nicht nur aus Fetten, Kohlenhydraten und Eiweiß, sondern aus vielen anderen Verbindungen mehr, die

aber bei der Kalorienberechnung weitgehend unter den Tisch fallen.
Es ist bis heute völlig ungeklärt, welchen Anteil der Nahrung der Körper nun wirklich genau verarbeitet. Auch Ernährungswissenschaftler Pollmer spricht die erlösenden Worte: »Kalorien zählen ist sinnlos!«
Zudem sind alle Werte in der Kalorientabelle nur Durchschnittswerte. Schon von einer Tomate zur anderen kann der Kaloriengehalt erheblich variieren. Die Tabelle wird ohne großes Aufsehen auch immer wieder korrigiert. Und trotzdem ergibt dann eine neue Analyse vom Kaloriengehalt beispielsweise eines Linseneintopfs einen ganz anderen Wert als der so gläubig von allen angenommene Tabellenwert.
Der Stoffwechsel folgt nun mal nicht den Regeln eines Verbrennungsofens. Außerdem wissen wir, dass der Stoffwechsel, der durch das Unterbewusstsein gesteuert wird, von Mensch zu Mensch unterschiedlich arbeitet. Das Maß dafür ist der so genannte Ruheumsatz. Dieser Messwert sagt aus, wie viel Kalorien der Einzelne ohne körperliche Bewegung verbraucht.
Der Ruheumsatz liegt bei den so genannten guten Futterverwertern um die 1200 Kalorien oder, anders ausgedrückt, bei denen, die auf dick programmiert sind, und bei 2600 Kalorien bei denen, die essen können, was sie wollen, ohne dick zu werden. Ihr Unterbewusstsein ist auf schlank programmiert.
Beim »emotionalen Schlankheitstraining« sollen Sie essen, worauf Sie Lust haben und so viel Sie wollen. Da die Suchtprogramme gelöscht sind, können Sie sich nicht mehr überessen. Und wenn Sie dann angenehm satt sind, interessiert Sie das Essen nicht mehr. Denken Sie also nicht mehr an Kalorientabellen, sondern werfen Sie die Ihre mitsamt der Waage weg.

Denken Sie nicht mehr an Kalorientabellen, sondern werfen Sie die Ihre mitsamt der Waage weg.

Weg mit der Waage!

Fängt Ihr Tag morgens auch mit dem täglichen Bußgang auf die Waage an? Warum machen Sie sich diesen Stress? Wenn Sie abgenommen haben, so merken Sie das an Ihrer Kleidung – und es freut Sie. In den meisten Fällen werden Sie aber feststellen müssen, dass Ihr Gewicht trotz Disziplin und Diät stagniert oder dass Sie trotz aller Kasteiungen sogar noch 200 Gramm mehr auf die Waage bringen als am Vortag. Dabei bedeuten die zusätzlichen 200 Gramm – oder auch ein Kilo mehr – nicht unbedingt eine reale Gewichtszunahme. Oft handelt es sich nur um eine kurzfristige Wassereinlagerung, die sich von selbst wieder reguliert. Sie aber werten den Ausschlag der Waage als Beweis Ihrer Erfolglosigkeit und reagieren mit Frust. Sie wissen ja: Ihr Glaube schafft Ihre Realität, und dieser Glaube vermiest Ihnen den ganzen Tag. Sie schütten Stresshormone aus und wissen, dass Ihr Unterbewusstsein jetzt sein Hilfsprogramm anbietet, nämlich: »Du musst jetzt essen!«

Räumen Sie also Ihre Waage weg, denn sie ist ein Stressfaktor ersten Ranges.

Die folgende Geschichte einer jungen, sehr attraktiven Frau soll dies verdeutlichen: Ariane T. erzählte mir, dass sie sich mit 25 Jahren in einer schweren Lebenskrise befand. Sie verlor ihren Lebenswillen, bekam schwere Fieberschübe, wurde auf die Intensivstation eingeliefert und magerte bei einer Größe von 1,74 m auf 45 Kilo ab.

Die Ärzte tappten im Dunkeln und gaben ihr zu verstehen, dass sie um ihr Leben bangten.

Arianes erster Gedanke war: »So dünn will ich nicht sterben.« Sie fing an zu essen und nahm in rasantem Tempo 25 Kilo zu. Wider Erwarten wurde sie gesund und mit einem Körpergewicht von 70 Kilo entlassen.

Ariane, die nie Figurprobleme gekannt hatte, war entsetzt über ihre ausladenden Rundungen. Sie fasste sofort den Entschluss abzunehmen. Sie aß sehr wenig und diszipliniert. Aber die Pfunde blieben.
Jedes Mal, wenn sie am Spiegel vorbeikam, starrte sie entsetzt auf ihr Spiegelbild. Jeden Morgen, wenn sie erwartungsvoll auf die Waage stieg und der unbestechliche Zeiger das Gleiche anzeigte wie am Tag zuvor, hätte sie heulen können. Den ganzen Tag beschäftigte sie sich gedanklich nur mit diesem Problem, hatte man sie doch nach dem Prinzip erzogen: »Eine Frau muss schön sein, sonst wird sie nicht geliebt.«
Sie mochte sich selbst nicht mehr, war frustriert, litt unter Kopfschmerzen und Kreislaufproblemen, da sie so gut wie nichts mehr aß. Vier Wochen ging das so, ehe sie begann umzudenken. Dem Tod gerade von der Schippe gesprungen, erkannte sie, dass es auch noch andere Werte im Leben gibt als Schönheit.

Ariane erkannte, dass sie selbst es war, die sich unter Stress setzte. Sie hatte Freunde verloren, aber nicht wegen der 25 Kilo Gewichtszunahme, sondern weil sie durch Unsicherheit und Verzweiflung dermaßen kapriziös und launenhaft geworden war, dass selbst gute Freunde auf Distanz gingen. Ariane verschenkte ihre Waage und verhängte dann alle Spiegel nach dem Motto: »Was ich nicht seh, tut mir nicht weh.« Nach sechs Monaten hatte sie ohne Diät 15 Kilo wieder abgenommen.

Machen Sie sich keinen Stress mehr mit der Waage! Werfen Sie Ihre Waage weg!

An diesem Beispiel können Sie ermessen, wie stark das Unterbewusstsein auf Programme reagiert. In diesem Fall lautete es: »Ich will nicht dünn sterben.«

Der bewusste Wille, der sie später zum Fasten trieb, konnte gegen das fest installierte Programm (nicht dünn sterben zu wollen) nichts ausrichten. Das Unterbewusstsein war auf Zunehmen programmiert. Die tägliche Gewichtskontrolle und der ständige zwanghafte Blick in den Spiegel verursachten noch zusätzlichen Stress, der den Stoffwechsel erheblich reduzierte. Mit dem Verschwinden der Waage und dem Zuhängen aller Spiegel sah sie sich nach kurzer Zeit vor ihrem geistigen Auge wieder als schlank. Sie akzeptierte auch, dass sie wieder gesund war. So wurde das Programm »Ich will nicht dünn sterben« wieder gelöscht, und ihr Körper funktionierte wie zuvor.

Ihnen werden sicher auch ähnliche Beispiele einfallen. Vielleicht haben Sie sich auch schon oft gewundert, dass Sie im Urlaub, wenn es Ihnen so richtig gut ging und keine Waage in der Nähe war, nicht zunahmen, obwohl Sie mehr aßen. Sie machten sich im Urlaub keinen Stress, dadurch arbeitete Ihr Stoffwechsel wieder ganz normal, wie bei einem Schlanken, die Kalorien wurden besser verbrannt. Denn Sie hatten nicht permanent den Glaubenssatz im Kopf: »Ich bin zu dick.«

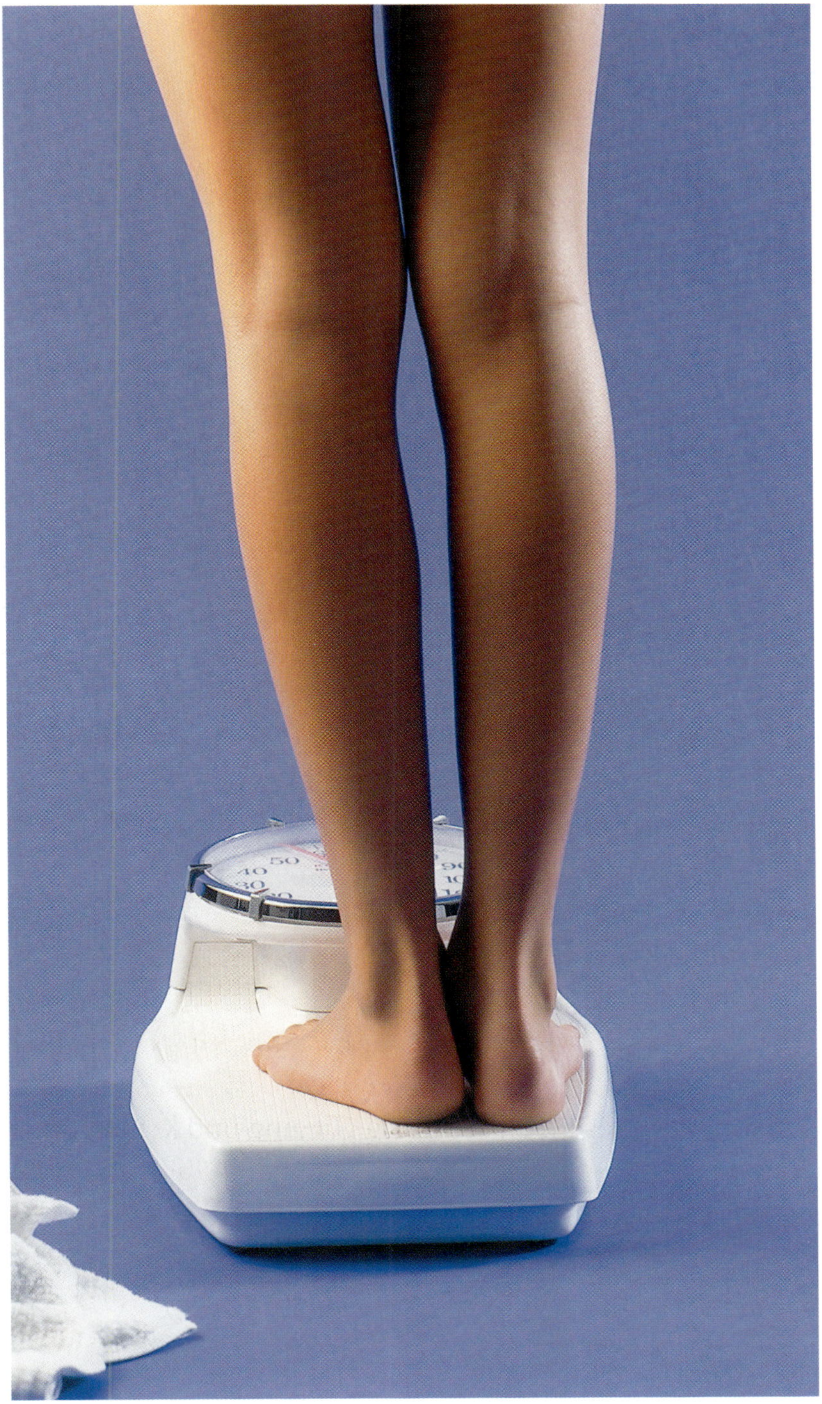

Anerkennung und Liebe

Die stärkste Triebfeder in unserem Leben ist der Wunsch nach Liebe und Anerkennung. Wenn wir gelobt und geliebt werden, wachsen uns Flügel. Diese bei vielen unerfüllte Sehnsucht wird von der Werbeindustrie gnadenlos eingesetzt. Egal, ob es der Lippenstift ist, der den Mund eines 16-jährigen Models verführerisch schimmern lässt, oder der gute Kaffee, über den sich die deutsche Hausfrau die Anerkennung ihrer Familie verdienen soll, oder die Windel, die den Babypopo glücklich macht und damit auch die Mutter. Die »Message« ist immer: Wenn Sie unser Produkt kaufen, werden Sie anerkannt und geliebt. Das Unterbewusstsein verbindet diese Produkte mit ebendiesen Gefühlen – und anhand der Umsatzzahlen kann man sofort die Reaktion auf diese Werbekampagnen analysieren. Und auch diejenigen, die meinen, unbeeinflussbar zu sein, kaufen, wenn die Zeit reif ist, die Wunderlotion, mit der in der Werbung ein junges Mädchen sinnlich den Traumbody eincremt und ewige Jugend verspricht.

Frust macht breit

Die Werbestrategen gehen genau auf die Defizite der Menschen ein, und die wissenschaftlichen Studien bestätigen: Wir sind über unser Unterbewusstsein sehr schnell manipulierbar. Da die Werbung uns täglich über den Bildschirm oder Hochglanz-Magazine suggeriert: Du wirst nur geliebt, wenn du schlank und attraktiv bist, verstecken sich viele Übergewichtige, aus Angst, abgelehnt zu werden. Ständig setzen sie sich mit Erwartungshaltungen unter Druck, die vom Unterbewusstsein immer wieder boykottiert werden.

So lautet beispielsweise der gute Vorsatz: »Bis zu Tommys Geburtstagsparty sind es noch zwei Wochen. Bis dahin nehme ich noch gut drei Kilo ab. Dann passt mir wieder das enge Kleid vom letzten Jahr. Also muss eine Diät her.«
Sie kennen den Teufelskreis inzwischen, der sich auch hier wiederholt: Am nächsten Morgen ausgehungertes Erwachen. Frühstück muss sein, um den Kreislauf wieder in Schwung zu bringen. Danach erneut die Überlegung. »Jetzt hat die Diät sowieso keinen Sinn mehr. Also fange ich erst morgen an. Dreizehn Tage reichen auch noch.«
Die nächsten zwei Tage sehen ähnlich aus. Am vierten Tag erwacht man schon mit dem Gedanken: Nur noch zehn Tage, um drei Kilo abzunehmen. Das schafft nur noch eine Wunderdiät. Also kauft man Diät-Drinks aus der Apotheke, schlürft lustlos die in der Werbung als besonders schmackhaft angepriesene synthetische Flüssignahrung und denkt den ganzen Tag über nur ans Essen.
Nach vier Tagen kann man die abwechslungslose Pampe nicht mehr sehen. Zwei Kilo sind weg. Was soll's, denkt man und geht abends mit Freunden essen: »Nur was Leichtes, gegrillten Fisch oder gegrilltes Steak mit Salat, dazu ein Mine-

Auch physiologisch gesehen setzen Diäten einen Teufelskreis in Gang: Wenn Sie eine Diät machen, arbeiten Sie gegen die natürliche Selbststeuerung Ihres Körpers. Der verlangt z. B. nach Zucker, weil Sie durch die Diät Unterzucker haben und sich deshalb schlapp fühlen. Der Körper giert nach Zucker, aber den und alles Süße verbietet die Diät. Das Unterbewusstsein will Sie aber dazu treiben, den Mangel auszugleichen. Und darum denken Sie zwanghaft nur an Sahnetorten, Schokolade oder Sahneeis, während Sie lustlos an Ihren Möhren knabbern. Also greifen Sie irgendwann doch zur Schokolade und essen statt eines Riegels eine ganze Tafel. Der Blutzuckerspiegel schnellt kurzfristig hoch, sackt aber durch die Überdosierung genauso schnell wieder ab. Und so beginnt der Kreislauf von vorn.

ralwasser. Das kann ja nur schlank machen.« Frustriert stellt man am nächsten Morgen fest, dass man wieder ein Kilo mehr wiegt, weil die zwei Kilo, die man in relativ kurzer Zeit verloren hatte, fast ausschließlich auf den Verlust von Wasser zurückzuführen waren. Dank der gesalzenen Köstlichkeiten, die man zu sich genommen hat, lagert es der Körper schnell wieder ein, denn Salz bindet das Wasser im Körper. Nach dem Schockerlebnis auf der Waage ist der Tag gelaufen. Man denkt: »Hat ja sowieso keinen Zweck.« Die Vorfreude auf das Fest ist dahin. Also essen wir, um uns zu trösten – und jetzt erst richtig.

Enttäuschung macht sich breit, und dieses Gefühl schüttet von morgens bis abends Stresshormone aus. Diese wiederum reduzieren den Stoffwechsel, Darm- und Nierenfunktionen werden eingeschränkt. Und nun meldet sich das Unterbewusstsein von morgens bis abends mit dem bereits beschriebenen Überlebensprogramm: »Du musst jetzt essen«, um die Stresshormone wieder abzubauen – auch wenn das Essen uns längst nicht mehr glücklich macht. Dieses Programm meldet sich ein Leben lang, es sei denn, Sie geben dem Unterbewusstsein eine neue emotionale Information.

Nach fünf Tagen haben wir vielleicht ein Kilo mehr als vor dem guten Vorsatz. Die Angst, Freunden auf dem Fest zu begegnen, die man lange nicht gesehen hat, die einen vielleicht deutlich schlanker in Erinnerung haben, lässt einen zum Telefonhörer greifen: »Hallo Tommy, ich liege leider mit einer Grippe im Bett. Sei bitte nicht böse, ich wäre so gern gekommen. Grüß alle schön.«
Deprimiert verbringt man den Abend im bequemen Jogginganzug, bei dem nichts zwickt, mit ein paar »Seelentröstern« aus dem Kühlschrank vor dem Fernseher.
Solche Situationen kennt fast jeder Übergewichtige. Eine Kursteilnehmerin berichtete, dass sie es aus diesem Grund nicht wagte, zum Klassentreffen zu gehen, obwohl sie sehr gern ihre Schulfreundinnen von früher wiedergesehen hätte. Eine andere Kursteilnehmerin erzählte, dass ein alter Freund aus Amerika, der sich gerade in Deutschland aufhielt, sie angerufen und zum Essen eingeladen hatte. Verschreckt überschlug sie, dass sie vor zehn Jahren, als man das letzte Mal zusammengetroffen war, zwölf Kilo weniger gewogen hatte. Wie eine Horrorvision erschienen ihr diese zwölf Kilo in Form von 48 großen Butterpaketen, was ausschlaggebend war für die fadenscheinige Entschuldigung, sie habe an diesem Abend schon eine Verabredung.

Wer an sich glaubt, verliert die Angst

Die Angst, immer dicker zu werden, verbunden mit der Hoffnungslosigkeit des Bemühens um die Idealfigur verursacht bei vielen Übergewichtigen Depressionen und Isolation. Ihre Sehnsucht nach Liebe und Anerkennung bleibt ungestillt, weil sie Liebe und Anerkennung mit Schlanksein verbinden. Durch ihren festen Glaubenssatz: »Nur wenn ich schlank bin, bin ich liebenswert« isolieren sie sich und stürzen in tiefe Hoffnungslosigkeit. Durch neue, positive Glaubenssätze kann man diese alten negativen Selbstbilder löschen, wie das Beispiel von Birgit T. zeigt, die mir nach der Teilnahme an einem Seminar schrieb: »Ich habe mich verändert, mein Leben hat sich verändert, meine Lebensqualität. Der wichtigste Punkt ist wohl, dass das ›Problem Essen‹ nicht mehr für mich existiert und damit auch die Angst vor jeder Mahlzeit, die Angst vor der eigenen Schwäche, das schlechte Gewissen danach. Daraus resultiert auch mehr Lebensfreude. Ich finde wieder den Mut, Einladungen anzunehmen, mich hübsch anzuziehen. Mein Selbstbewusstsein stärkt sich langsam, ich trage meinen Kopf wieder oben.«

Selbstliebe ist ewige Liebe

Überlegen Sie einmal, wer in Ihrem Bekanntenkreis auch nicht gerade den Idealvorstellungen der Schönheitsindustrie entspricht, wer ebenfalls von der Kleidergröße 36 nur träumen kann, aber trotzdem selbstbewusst und anerkannt ist und von allen geliebt wird. Woran liegt das wohl?
Mit größter Wahrscheinlichkeit hat er oder sie eine positive, lebensbejahende Ausstrahlung. Das Erste, was Sie deshalb

akzeptieren müssen, ist, dass fast niemand Sie ablehnt, weil Sie zu dick sind. Das reden Sie sich nur ein. Sie lieben sich selbst nicht, und das strahlen Sie aus.

Jeder Mensch hat seine Probleme, Ängste und Sorgen. Und wer umgibt sich schon gern mit notorischen Jammerern, Pessimisten und Nörglern, die immer nur alles grau in grau sehen. Jeder hat mit der Bewältigung seiner Probleme genug zu tun. Deshalb umgeben wir uns gern mit positiven, aktiven Menschen, weil diese Energie weitergeben, während negative Menschen ihrem Umfeld Energie entziehen.

Überlegen Sie einmal, ob Ihnen ein Abend mit Freunden gut tut, an dem alles Unglück dieser Welt und dazu noch alle Familienkatastrophen Ihrer Freunde und Nachbarn erörtert werden. Sicher fühlen Sie sich nach so einem Abend ausgelaugt und deprimiert. Verbringen Sie dagegen mit positiv gestimmten Freunden einen Abend, an dem viel gelacht wird oder an dem konstruktive Lösungen der Probleme gesucht werden, so fühlen Sie sich beschwingt und voller Energie.

Das größte Kapital, das man Kindern mitgeben kann, ist ein starkes Selbstbewusstsein. Dazu muss man sie von Anfang an zur Selbstständigkeit erziehen und ihnen das unerschütterliche Bewusstsein mitgeben: »Du wirst uneingeschränkt geliebt.« Kinder, die darauf vertrauen können, dass ihre Eltern immer für sie da sind, egal was passiert, die mit Zärtlichkeit, Humor und in Geborgenheit aufwachsen, haben die besten Voraussetzungen, selbstbewusst und erfolgreich zu werden.

Ca. 70 % meiner Seminarteilnehmerinnen hatten Probleme mit ihrem Vater oder ihrer Mutter. Etwa 60 % hatten bereits eine oder mehrere Psychotherapien hinter sich, ohne ihre Schmerzprogramme auflösen zu können. Viele erzählten mir, dass sie ihrer Mutter oder ihrem Vater schon vergeben

hätten, da sie durch die Therapie jetzt wüssten, warum der betreffende Elternteil ihnen die ersehnte Liebe nicht hatte geben können. Ich habe dann immer recht provokativ gefragt: »Und? Tut es jetzt nicht mehr weh?« Worauf fast alle antworteten: »Doch!« Das beweist, dass diese Schmerzprogramme über den Verstand nicht verändert werden können. Diese Teilnehmer haben bei mir gelernt, ihre Mutter oder ihren Vater anders zu fühlen. Und dann erst löste sich der Schmerz auf. Ich habe zu diesem Thema ein separates Programm entwickelt. Wenn Sie dieses Thema vertiefen wollen, empfehle ich Ihnen mein Buch »Die Kraft der Emotionen« mit dem dazugehörigen Trainingsprogramm.
Auch diejenigen, die keine ideale Kindheit erlebt haben – und das sind leider die meisten –, haben die Chance, sich umzuprogrammieren und zu lernen, sich zu lieben.

Wir sind auf Liebe programmiert

Unsere größte Sehnsucht und unser tiefstes Bedürfnis, das schon mit dem ersten Schrei auf dieser Welt zutage tritt, ist das Bedürfnis nach Liebe und Anerkennung. Dies verdeutlicht das in der Wissenschaft immer wieder dokumentierte grausame Experiment des Stauferkönigs Friedrich II., das dieser Anfang des 13. Jahrhunderts an gesunden Säuglingen durchführen ließ. Die Babys bekamen pünktlich und ausreichend Nahrung und wurden gewickelt. Ansonsten bekamen sie jedoch keine Zuwendung und keine Zärtlichkeit. Es wurde kein Wort mit ihnen gesprochen, und man überließ sie ohne menschliche Wärme ihrem grausamen Schicksal. Nach sechs Wochen waren die meisten der Säuglinge gestorben. Dieses unmenschliche Experiment verdeutlicht, dass wir ohne Zuwendung nicht lebensfähig sind. Wir brau-

chen Liebe und Anerkennung wie die Luft zum Atmen, wie unser täglich Brot. Ohne Liebe verkümmern wir, werden krank, aggressiv oder depressiv. Die größte Strafe für Kinder, aber auch für Erwachsene ist Liebesentzug.

Kinder, die zu funktionieren haben, die nur über Leistung die Zuwendung und Anerkennung ihrer Eltern bekommen, haben ihr Unterbewusstsein entsprechend programmiert: »Bin bedingt liebenswert, muss mich anstrengen, etwas leisten, um geliebt zu werden. Habe Angst, nicht mehr geliebt zu werden, wenn ich versage.«

Diese Kinder werden sich wahrscheinlich zu Perfektionisten entwickeln, die sich selbst ständig unter Leistungsdruck setzen. Die unterschwellige Angst, zu versagen und dann nicht mehr geliebt zu werden, setzt sie ein Leben lang unter Druck, wenn sie nicht irgendwann lernen, sich anzunehmen, loszulassen und sich selbst so zu lieben, wie sie sind.

Andere Kinder wiederum, die zu wenig Beachtung finden, sind von klein auf gewohnt, Purzelbäume zu schlagen, auch wenn sie im Dreck landen. Oft entwickeln sie sich zum Klassenclown, wählen auffällige Lebensstile, werden Rocker oder Skinheads. Hauptsache, man beachtet sie, auch wenn sie negativ auffallen. Ihr Unterbewusstsein ist etwa so programmiert: »Ich bin nicht liebenswert. Ich erwarte keine Liebe. Ich will aber Beachtung.« Aber die Sehnsucht nach Liebe und Anerkennung hört nie auf, und viele suchen Geborgenheit in Sekten oder ähnlichen Gemeinschaften. Andere trösten sich von klein auf für die fehlende Liebe mit Süßigkeiten, Cola oder Fastfood.

Kinder, die gar keinen aktiven Kanal zur liebenden Aufmerksamkeit ihrer Eltern finden können, geben sich innerlich unbewusst auf. Hier übernimmt der Körper das Kommando und versucht, über Krankheiten wie Neurodermitis oder Asthma die fehlende Aufmerksamkeit zu erreichen.

Einem Außenstehenden zerreißt es oft das Herz. Doch sollte man sich nicht anmaßen, solche Eltern zu verurteilen. Oft werden sie mit ihrer eigenen schmerzhaften Lebenssituation nicht fertig. Sie sind Gefangene ihrer eigenen Seele, haben selbst als Kind Liebe nur sehr eingeschränkt erfahren. Wie sollen sie Liebe weitergeben, wenn sie sich selbst nicht lieben?

Essen statt Liebe

Man kann sicher davon ausgehen, dass die meisten Eltern das Beste für ihre Kinder wollen, aber nicht immer finden sie den richtigen Weg für das betreffende Kind. Oft versuchen Eltern eigene Sehnsüchte in ihre Kinder zu projizieren. Wenn etwa der Tennislehrer davon geträumt hat, ein Star zu

sein, ohne dass ihm dies je gelungen wäre, so projiziert er diesen Wunsch in seinen Sohn und trainiert ihn gnadenlos zum Star.

Das Gefühl, nicht geliebt zu werden, wenn man die Erwartungen der Eltern nicht erfüllt, hinterlässt Schrammen auf der Seele und Verhaltensmuster, die unser Denken, Bewerten von Situationen, Fühlen und Handeln immer wieder beeinflussen. Doch nicht nur in der Kindheit, auch später können wir negative Verhaltensmuster übernehmen, die dann zu einem gestörten Essverhalten führen. Dies zeigt das Beispiel von Marion R. Diese hatte bis zu ihrer Schwangerschaft keine Probleme mit sich selbst oder ihrer Figur. Sie konnte essen, was sie wollte, und fühlte sich absolut okay.

»Als ich das erste Mal schwanger war und nach einiger Zeit zugenommen habe, hat mir mein Mann signalisiert, dass Sex mit mir nicht mehr attraktiv für ihn sei. Das blieb leider auch nach der Schwangerschaft so, da ich nie wieder mein knabenhaftes Ausgangsgewicht von 55 Kilo erreicht habe. Mein Mann hat nie mit mir über mein Gewicht gesprochen, aber wir haben auch nicht mehr miteinander geschlafen. Ich habe mich selbst immer mehr abgelehnt, obwohl ich heute denke, dass mein damaliges Gewicht ganz okay war. Und je unzufriedener ich war, desto mehr habe ich gegessen.«

Durch das Verhalten ihres Mannes hat Marion sich eine neue Realität geschaffen: Ich bin nicht liebenswert, ich bin zu dick, ich bin nicht attraktiv. Von dem Augenblick an wollte sie abnehmen, konnte nur noch ans Essen denken, und durch ihre negativen Glaubenssätze schüttete sie von morgens bis abends Stresshormone aus, die wiederum den Stoffwechsel reduzierten und sie von da an in den Teufelskreis der Essgestörten hineinbrachten.

Marion ist kein Einzelfall. Viele Frauen waren bei mir in den Seminaren, die mir ähnliche Geschichten erzählten. Die neue Realität: »Ich bin zu dick, ich bin hässlich, ich bin nicht mehr liebenswert« – wird durch die täglichen negativen Gedanken verstärkt, und die meisten kommen aus dieser Realität aus eigener Kraft nicht mehr heraus. Mit dem »emotionalen Training« haben sie gelernt, sich eine neue Realität zu schaffen, die lautet: »Ich bin gut, so wie ich bin. Ich akzeptiere mich so, wie ich bin. Ich kann essen, was ich will, und nehme dabei ab. Und niemand kann mich verletzten.« Lernen auch Sie mit dem »emotionalen Training«, sich neue Realitäten zu schaffen!

Lieben Sie sich selbst!

Fangen Sie mit dem ersten Schritt an. Versuchen Sie, sich anzunehmen, und zwar bedingungslos. Geben Sie sich selbst jeden Tag Streicheleinheiten, z. B. wenn Sie sich morgens eincremen. Tun Sie das nicht achtlos, als ob Sie Ihrem alten Tisch eine Möbelpolitur verabreichen würden, sondern streichen Sie sanft und liebevoll über Ihren Körper.

Flirten Sie mit sich! Stellen Sie sich vor den Spiegel und lächeln Sie sich an. Sagen Sie sich liebevolle und ermutigende Worte, z. B.: »Ich mag dich. Von heute an gehe ich liebevoller und toleranter mit dir um!«

Flirten Sie mit jedem Lebewesen, das Ihnen heute begegnet. Egal, ob Mann, Frau, Kind, Hund, Katze oder Papagei. Wenn Sie Liebe geben, werden Sie Liebe bekommen, und Sie werden spüren: Überall werde ich von Liebe umgeben.

Arbeiten Sie täglich mit dem emotionalen Trainingsprogramm, den »5 Harmonys« und mit Affirmationen. (Die genaue Erklärung finden Sie ab Seite 107.)

Würden Sie Ihren Partner ablehnen, wenn er zu dick wäre oder wenn er zunehmen würde? Ich bin sicher, nein. Warum hegen Sie sich selbst gegenüber nicht die gleichen Erwartungen?
Würden Sie Freunde oder Kollegen ablehnen, wenn sie zunehmen würden oder wenn sie dick wären? Ich bin sicher, nein. Warum glauben Sie umgekehrt, dass man Sie ablehnt, weil Sie zu dick sind?

Lernen Sie, sich wieder zu lieben. Jeder Mensch ist einmalig, ein Unikat. Hören Sie auf, eine Rolle zu spielen. Denn diese Rolle gibt es schon unzählige Male auf der Welt – wahrscheinlich besser besetzt. Haben Sie den Mut, Sie selbst zu sein. Genau das macht Sie einzigartig und liebenswert! Sie gibt es nur einmal auf dieser Welt. Sie sind ein einmaliges Geschöpf. Gehen Sie liebevoll mit ihm um!

Das ist Ihre Glückshormon-Dusche!

- Machen Sie sich keinen Stress!
- Tun Sie den ersten Schritt, werfen Sie Ihre Waage weg.
- Gehen Sie toleranter und liebevoller mit sich selbst um!
- Entdecken Sie Ihre liebenswerten Seiten!

Wenn Sie glücklich sind und Harmonie in sich spüren, wird das Essen kein Problem mehr für Sie sein. Sie werden es vergessen.
Mithilfe des CD-Programms können Sie sich täglich mit starken positiven Emotionen aufladen. So können Sie Stresshormone abbauen und Energieblockaden lösen. Ihr Immunsystem wird gestärkt, psychosomatische Beschwerden werden gelindert. Holen Sie sich jeden Tag Ihre Glückshormon-Dusche!

Das Trainingsprogramm

Es gibt viele Methoden, die auch mit Emotionen arbeiten, wie z. B. das »positive Denken«, das eigentlich »positives Fühlen« heißen müsste, um effektiv zu sein, NLP (neurolinguistisches Programmieren), Visualisieren. All diese Methoden bringen auch positive Ergebnisse. Das Problem besteht allerdings darin, dass Menschen, die sich einsam und nicht geliebt fühlen, nur selten aus eigener Kraft an das positive, starke Gefühl kommen.

Sie arbeiten täglich mit Ihren Emotionen

Das tägliche Arbeiten mit intensiven Gefühlen ist das Besondere am »emotionalen Schlankheitstraining«. Das geht nicht allein mit einem Buch, Affirmationen, positivem Denken oder Musiktherapie, weil der Betreffende meist nicht die Kraft hat, starke Gefühle zu erleben. Wenn ein Mensch viel Negatives erlebt hat, versucht das Unterbewusstsein, ihn zu schützen, und blockt die Emotion ab. Die meisten brauchen ein Hilfsmittel, brauchen jemanden, der sie täglich an die Hand nimmt und begleitet. Und genau das habe ich gemacht: Ich habe das Trainingsprogramm in Form einer Doppel-CD produziert, um Ihnen zu helfen, an Ihre Emotionen zu kommen.

- Weil nur Ihre Emotionen Ihre Verhaltensmuster verändern können.
- Weil nur Ihre Emotionen Ihren Stoffwechsel anregen und nur das tägliche Arbeiten mit intensiven Emotionen die Suchtprogramme für immer löschen und psychosomatische Beschwerden oder Krankheiten lindern oder beheben können.

Sehen Sie also das CD-Trainingsprogramm als Werkzeug, um Ihre Emotionen auszulösen.
Auf der ersten CD finden Sie drei Negativ-Szenen, in denen Sie das Essen in Sechs-Minuten-Szenen entgegen dem Suchtprogramm, nämlich negativ erleben. In anschließenden Positiv-Szenen installieren Sie neue, gesunde Hilfsprogramme, wie zum Beispiel Teetrinken in Verbindung mit Harmonie und Geborgenheit oder Bewegung in der Natur in Verbindung mit Freiheit und Glücklichsein.

Musik transportiert Gefühle

Damit Sie wirklich starke Gefühle empfinden können, wurde große Filmmusik passend für die Szenen komponiert. Wie wichtig die Musik für Ihre Gefühle ist, können Sie sich leicht verdeutlichen. Stellen Sie sich das Ende eines Liebesfilms vor. Endlich haben sich die beiden gefunden, Hand in Hand gehen sie der untergehenden Abendsonne entgegen. Sie sehen das Bild, aber Sie hören nichts. Sie bleiben un-

berührt und reagieren mit Befremden. Natürlich würde kein Regisseur seinen Film so schneiden. Eine solche Szene wird meist mit einem harmonischen und gefühlvollen Klangteppich unterlegt. Die Wirkung: Sie sitzen vor dem Bildschirm und weinen vor Ergriffenheit. Das ist eine starke Hormonausschüttung – und die brauchen Sie, um in Ihrem Unterbewusstsein etwas zu bewirken.

Die »5 Harmonys«

Auf der zweiten CD sind emotionale Meditations-Übungen, die »5 Harmonys«, die dazu dienen, durch Glückshormone Ängste und Stress abzubauen und negative Verhaltensmuster zu verändern, ein neues Selbstbewusstsein aufzubauen, den Stoffwechsel anzuregen – und vor allem, um sich selbst zu lieben.

Diese Übungen habe ich, wie bereits geschildert (s. o. S. 23) entwickelt, als ich mich selbst in einer Lebenskrise befand. Ich suchte nach Wegen, auf denen ich wieder Vertrauen zu mir selbst finden konnte, Vertrauen in meine Fähigkeiten und in mein Leben. Ich hörte auf, die vielen Schritte zum Ziel als Chaos im Kopf zu bewegen, sondern plante immer nur für den einen Tag. Ich lernte, dass Leben Veränderung heißt, und ich lernte an mich zu glauben.

Nachdem ich durch diese Übungen aus der Depression herausgefunden hatte, sah ich es als meine Aufgabe an, mit meiner Methode auch anderen Menschen zu helfen.

Die fünf »Harmonys« sind Sehnsuchtsbilder – archaische Bilder, in die Suggestionen, die genau zum Bild passen, gesprochen werden und durch die Filmmusik, die akzentuiert genau auf Bild und Text komponiert wurde, bewirken, dass die Suggestionen besonders intensiv gefühlt werden.

Jetzt werden einige vielleicht einwenden, Emotionen seien doch etwas sehr Diffiziles und was den einen anspricht, könne den anderen völlig unberührt lassen. Und damit haben Sie vollkommen Recht. Die Bilder und Texte sind so, dass zwar die Mehrzahl angesprochen wird, aber nicht jeder. Trotzdem kann jeder mit dem Programm arbeiten. Er muss nur lernen, seine inneren Bilder individuell so zu verändern, dass sie seine Seele berühren.

In meinen Seminaren spiele ich das gesamte Trainingsprogramm mit den Teilnehmern durch und arbeite mit jedem Einzelnen individuell, um die Bilder zu erarbeiten, die ihn emotional ansprechen. Und das möchte ich jetzt auch mit Ihnen tun. Hier kann ich natürlich nur exemplarisch ein paar Beispiele nennen und nicht individuell auf jeden einzelnen Leser eingehen.

Sie wissen jetzt: Nur entgegengesetzte Gefühle können Programme verändern oder löschen. Da Sie das Essen in Verbindung mit

- Liebe – Nicht-geliebt-werden
- Geborgenheit – Einsamkeit
- Trost – Ekel
- Belohnung – Negative Körperempfindung

erlebt haben, können Sie nur mit entgegengesetzten Gefühlen diese Programme löschen.
In den Negativbildern erleben Sie täglich das Essen – entgegen dem Suchtprogramm – mit negativen Gefühlen. Das Gehirn speichert diesen Eindruck sofort und verändert meist schon am ersten Tag das Essverhalten. Sie kennen auch Beispiele aus dem Leben, die genau diese Vorgehensweise bestätigen, z. B. eine Lebensmittelvergiftung. Sie erfahren einmal negative Gefühle mit Ihrem Lieblingsgericht, und Sie mögen es nicht mehr. Jemand hat eine Alkoholvergiftung in der Jugend, und genau diese Sorte von Alkohol mag der Betroffene nicht mehr. Starke Raucher, die einen Herzinfarkt erlitten, haben das Suchtmittel in Verbindung mit Todesangst erlebt und können meist ohne Entzugserscheinungen sofort mit dem Rauchen aufhören. Vielen gelingt dies allerdings nur kurzfristig, da eine einmalige negative Erfahrung, auch wenn sie noch so stark ist, meist nicht ausreicht, um das Suchtprogramm für immer zu löschen. Und das ist genau der Grund, warum Sie mit dem »emotionalen Trainingsprogramm« ein halbes Jahr arbeiten, und zwar täglich, um die Suchtprogrammierung für immer zu löschen. Sie wissen jetzt: Emotionen sind Hormonausschüttungen. Und diese Hormone sind sehr schnell, nämlich nach ein bis zwei Tagen, wieder abgebaut. Und dann ist die Suchtprogrammierung unverändert wieder da. Erst das tägliche Arbeiten über ein halbes Jahr – und das bestätigen auch Psychotherapeuten – bringt den gewünschten Langzeiteffekt. Und wer möchte das nicht? Für immer schlank sein! Viele haben angesichts des schnellen Erfolges geglaubt, sie könnten schon

nach zwei bis drei Monaten wieder aufhören. Das war leider ein Trugschluss. So gut wie alle, die die tägliche Arbeit mit dem Programm zu früh eingestellt haben, sind nach einer gewissen Zeit wieder in ihre alten Verhaltensmuster zurückgefallen. Nur die, die wirklich ein halbes Jahr täglich mit dem Programm gearbeitet haben, hatten dauerhaften Erfolg. Sehen Sie in diesem Programm bitte keinesfalls eine Art schweißtreibendes Sportprogramm, das Sie nach dem Motto absolvieren: »Oh, Gott, ich muss jeden Tag mein Programm machen.« Sondern bewerten Sie die Zeit, die Sie nur für sich ganz alleine haben, als einen Luxus, ein Verwöhnprogramm. Sie beschäftigen sich nur mit sich selbst und fühlen in sich hinein. Die Wirkung, die das Programm auf Anhieb zeigt, sollte Motivation genug sein, sich jeden Tag darauf zu freuen.

Fangen wir mit der 1. Negativ-Szene an. Legen Sie die CD ein, schließen Sie die Augen und erleben Sie den Film mit.

Die 1. Negativ-Szene: »Bahnhofskneipe«

Es ist Abend. Nasskalt. Der Regen kriecht von unten rauf. Ein Mann, getrieben von dem gehassten Gefühl, etwas essen zu müssen, betritt eine Bahnhofskneipe.
Die Kneipe ist kaum besucht.
Über den schmutzigen Tischen hängen Lampen, die ein trübes Licht werfen auf überquellende Aschenbecher, noch nicht abgeräumte Teller mit unappetitlichen Essensresten und abgestandene, nicht ganz ausgetrunkene Biergläser. Es riecht säuerlich, nach kaltem Rauch, Essensresten und altem Fett.
Vereinzelt sitzen Gäste mit abgestumpften Gesichtern stumm auf ihren Stühlen an verdreckten Tischen.
Über allem liegt Hoffnungslosigkeit.
Die Bedienung nimmt die Bestellung auf.
Ihr Gesicht zeigt keine menschliche Regung.
Ihr Gesicht ist leer, ohne Ausdruck.
Der Gesichtsausdruck des Mannes ist abgestumpft, resigniert.
Er findet sich hassenswert.
Seine äußere Erscheinung ist ungepflegt.
Schmutzränder unter seinen Fingernägeln.
Ein aufgedunsenes, feistes Gesicht.
Ihm gegenüber sitzt ein junges, hübsches Mädchen.
Ein Wesen wie aus einer anderen Welt.
So wie er aussieht – unerreichbar – eine Vision.

Draußen hört man eine Gruppe fröhlich lachender Menschen vorbeigehen. Durch den Lautsprecher wird die Abfahrt eines Zuges durchgegeben.

Er fühlt sich einsam, isoliert.
Das Essen wird aufgetischt.
Schlachtplatte mit Blut- und Leberwurst.
In einer Ecke des Schankraumes rülpst ein Gast.
Das Mädchen steht auf und geht.

Er beginnt, zwanghaft zu essen.
Er schneidet die Leberwurst auf.

Der süßliche Duft, der ihm in die Nase steigt, hat etwas Bedrohliches, Giftiges.
Das Fleisch breitet sich wie Erbrochenes auf seinem Teller aus.
Er muss essen.

Das Eisbein, weiß, gallertartig.
Er muss essen.

Das Sauerkraut, im fahlen Licht der Kneipe eine graue, säuerliche Masse.
Er muss essen.

Er schneidet die Blutwurst auf.
Schwarzes, gestocktes Blut mit talgigen, weißen Fettklumpen quillt aus der Pelle. Der warme, eisenhaltige Blutgeruch vermischt sich mit dem säuerlichen Geruch vom Kraut und dem Geruch von billigem Fett.
Er muss essen.

Sie spüren den Druck im Magen.
Sie spüren den Hosenbund, der drückt.
Sie spüren das eklige Völlegefühl.
Sie riechen abgestandenes Essen.
Sie riechen säuerliches, weißes Kraut.
Sie riechen den warmen Blutwurstbrei, vermischt mit dem Geruch von altem, billigem Fett.
Sie spüren den eisenhaltigen Blutwurstgeschmack.
Sie spüren die schmierigen, talgigen Fettbrocken zwischen Gaumen und Zunge.

Der Druck im Magen wird immer stärker.
Sie fühlen sich träge vom vielen Essen.
Sie fühlen sich vergiftet vom fetten, übermäßigen Essen.
Sie fühlen sich lustlos durch das Essen.

Die Atmung geht schwer.
Der Magen drückt immer mehr bis hinauf zum Zwerchfell.

In der Ferne hören Sie Stimmen und Gelächter.
Sie spüren unendliche Einsamkeit.

Was haben Sie gefühlt?

Wenn Sie die Trauer und den Ekel in ihrem Körper gefühlt haben, wenn Sie den Ekel sogar so stark gefühlt haben, dass

Ihnen fast schlecht war, dann ist das Bild so, wie es ist, für Sie richtig. Und Sie haben es intuitiv richtig gemacht.
Wenn Sie keine Emotionen hatten oder Ihnen sogar das Wasser im Mund zusammengelaufen ist, so hat das seinen Grund. Fragen Sie sich als Erstes: Wie sah mein Bild aus? War es wirklich eine dreckige, eklige Kneipe? Oder war es vielleicht ein schönes Restaurant? War die Schlachtplatte eklig? Oder mögen Sie dieses Gericht vielleicht besonders gern? Vielleicht ist Schlachtplatte auch mit Familienfesten in der Kindheit verbunden.
In diesem Fall hat Ihr Unterbewusstsein die Schlachtplatte mit positiven Gefühlen programmiert und will sich dieses Wohlfühlprogramm nicht vermiesen lassen. Wenn es so ist, müssen Sie die Schlachtplatte so verändern, dass auch Sie Ekel spüren. Aber davon später.
Oder Sie haben die Szene distanziert wie ein Betrachter beobachtet, ohne wirklich in den Film hineinzugehen, die Gerüche wahrzunehmen, die Fettbrocken im Mund zu spüren und den Druck im Magen.
Distanzierte Betrachtungsweise erzeugt keine Emotion. Sie müssen lernen, wie ein Schauspieler die Szene selbst zu erleben. Das heißt, selbst am Tisch zu sitzen und die Körperwahrnehmungen selbst zu erleben.
Noch ein Grund könnte sein – was auch sehr häufig vorkommt –, dass Sie ein Perfektionist sind. Wie schon vorher erwähnt, leistungsorientiert erzogen. Wenn Sie mit der Intention herangehen: Ich muss jetzt Emotionen spüren, weil nur die Emotionen verändern, werden Sie keine Emotionen spüren. Emotionen kann ich nie willentlich hervorrufen. Sie gehen auch nicht ins Kino mit dem festen Vorsatz: Ich will jetzt mit dem Hauptdarsteller glücklich sein oder weinen. Die Emotionen kommen nur automatisch, wenn Sie loslassen, was Sie normalerweise ja im Kino tun.

Legen Sie die CD ein, schließen Sie die Augen und erleben Sie den Film intensiv mit.

1. Positiv-Szene: Am Strand

Stellen Sie sich einen weißen Sandstrand vor.
Blau-türkis das Wasser. Sonne und Palmen.

Zwei attraktive, schlanke Frauen in Strandkleidung laufen am Strand entlang.
Ihre schlanken Körper sind braun, durchtrainiert.
Sie strahlen absolute Lebensfreude aus.

Sie spüren die weiche, warme Luft auf der Haut.
Die weiche, warme Luft streichelt Ihre Haut.
Sie riechen die Luft.
Sie riechen das Meer.
Sie hören den sanften Rhythmus der Wellen.
Sie spüren den warmen Sand unter Ihren Füßen.
Sie laufen durch den weichen, warmen Sand.
Sie empfinden jede Bewegung mit einem schlanken Körper als lustvoll.
Sie lieben Ihren schlanken Körper.
Sie spüren die Sonne auf der Haut.
Sie spüren die Energie in Ihrem Körper.
Sie fühlen sich jung, unbekümmert, glücklich.

Sie laufen übermütig ins Wasser.
Sie spüren das warme, weiche Wasser auf Ihrer Haut.
Sie spüren den weichen Sand unter Ihren Füßen.
Sie fühlen sich leicht.
Sie spüren Ihren schlanken Körper.
Sie fühlen sich befreit.
Sie fühlen sich glücklich.
Sie spüren Leben.

Die zwei attraktiven Frauen sitzen mit einem sympathischen jungen Mann fröhlich und ausgelassen in einem Strandcafé.
Auf dem Tisch stehen eisgekühlte Gläser mit Mineralwasser.
Eiswasser perlt an den Gläsern herab.
Sie haben Durst. Durstig trinken Sie das Glas aus.

Sie spüren das kühle, frische Wasser durch Ihren Körper fließen.
Sie spüren, wie das Wasser Ihren Körper reinigt und entschlackt.
Sie fühlen sich glücklich.
Sie fühlen sich leicht.
Sie fühlen sich entgiftet.

Sie spüren bei jeder Bewegung lustvoll Ihren Körper.
Sie sind glücklich.

Sie spüren, Sie werden geliebt.
Sie spüren die Liebe zu sich selbst und zu Ihrem Körper.
Sie spüren die starke Liebe, die in Ihnen ist.
Sie spüren die Liebe zur Natur.
Sonne, Wasser, Wärme, Farben, Liebe, Menschen.
Alles macht Sie glücklich.

Was haben Sie gefühlt?

Wenn Sie Glücksgefühle erlebt, das Meer gerochen, sich befreit und ausgelassen gefühlt haben, so haben Sie auch hier intuitiv das Bild richtig erlebt.
Wenn Sie keine Emotionen erlebt haben oder wenn Sie das Bild sogar traurig gemacht hat, so hat das seinen Grund. Das Unterbewusstsein lügt nie. Es steigen nur Emotionen in Ihnen auf, die für Sie authentisch sind. Wenn Sie bei der Vorstellung, am Strand entlangzulaufen, tausend Augenpaare sehen, die sich abschätzig auf Sie richten und Sie genauso für zu dick halten wie Sie selbst, wird Sie dieses Bild kaum glücklich machen.
Dann sollten Sie sich einen einsamen Strand suchen, an dem keine Menschenseele ist und an dem Sie sich allein oder mit Ihrer besten Freundin oder Ihrem Partner, also einem Menschen, dem gegenüber Sie keine Hemmung haben, visualisieren. Vielleicht gab es auch eine Zeit, in der Sie schlank waren und in die Sie sich zurückfühlen können.

Eine andere Blockade könnte sein, dass Sie die Szene wiederum distanziert betrachten, dass Sie den beiden Frauen ihre Unbeschwertheit und ihre schlanken Körper nicht gönnen, weil Sie sich selbst daneben ausgegrenzt sehen und die Isolation, die Sie durch Ihre Eigenbewertung selbst schaffen, auch in diesem Bild spüren. Auch hier ist es wichtig, dass Sie sich in dem Bild fühlen sollen. Strandkleidung kann auch bedeuten: ein langes, weites, bequemes Kleid oder lange Hosen mit einem Pulli drüber – also Kleidung, in der Sie sich wohl fühlen. Ob allein oder mit einem Menschen, dem Sie vertrauen – Sie sollten dieses Bild wirklich erleben und nicht distanziert betrachten. Es muss für Sie das Wohlfühlbild sein, und Sie sollten sich darin positiv fühlen.

Legen Sie die CD ein, schließen Sie die Augen und erleben Sie den Film intensiv mit.

2. Negativ-Szene: Der einsame Fernseh-Abend

Eine korpulente Frau, Mitte Vierzig, sitzt allein vor dem Fernseher.

Man sieht, dass sie versucht hat, sich hübsch zu machen.
Make-up, Lippenstift, hohe Absätze.
Die Wimperntusche ist verlaufen.
Man sieht, dass sie geweint hat.

Um sie herum trostlose Stille.
Die absolute Stille steigert sich ins Unendliche.
Sie will der Trostlosigkeit entfliehen.
Wie ein Roboter holt sie Hamburger, Pommes frites, Cola und eine große Schachtel Pralinen.

Ihr Gesicht – Resignation.
Trotzdem sieht man, dass sie einmal hübsch war.
Zusammengesunken sitzt sie auf der Couch.
Ihre Körperhaltung – Hoffnungslosigkeit, Selbstaufgabe.

Sie beißt gequält in einen Hamburger. Mayonnaise und Fleischbrösel triefen aus den Mundwinkeln.

Der Fernseher läuft ohne Ton.
Man hört nur Kau- und Schmatzgeräusche.

Abgestumpft starrt sie auf den Bildschirm.
Es läuft Werbung. Schlanke Bikini-Mädchen am Karibikstrand.
Sie fühlt sich isoliert, ausgeschlossen von dieser Welt.

Wieder beißt sie in den Hamburger.
Zeitlupe.
Großaufnahme des Mundes.
Mayonnaise klebt in den Mundwinkeln.
Fleischfasern hängen zwischen den Zähnen.

Sie trinkt einen kräftigen Schluck aus der Cola-Dose.
Hoffnungslosigkeit, quälendes Völlegefühl, keine Zärtlichkeit.
Sie muss essen.

Mayonnaise tropft ihr auf den Rock.
Mit dem Finger wischt sie die Mayonnaise weg. Sie lutscht den Finger ab.

Der Rockbund drückt schmerzhaft.
Sie will geliebt werden.
Sie muss essen.
Sie will nicht allein sein.
Sie muss essen, essen, essen.

Der gemischte Speisebrei aus Mayonnaise, Fleisch,
Brot und Cola fängt im Magen an zu gären.

Sie hat Schmerzen.
Alles tut weh, drückt.
Sie spüren den Druck im Magen.
Sie spüren die unangenehme Übersättigung.
Sie spüren den geblähten Bauch.
Sie spüren den engen Rockbund.
Sie spüren den Druck im Magen bis hinauf zum Zwerchfell.
Sie spüren die Einsamkeit.
Sie spüren die Emotion der Frau.
Sie mag sich nicht.
Sie spüren die Verzweiflung.

Die Frau greift jetzt zur Pralinenschachtel und schiebt mit Unlust und schlechtem Gewissen eine ganze Praline in den Mund.
Sie atmet schwer.

Sie spüren den Druck im Magen.
Sie spüren den Druck bis hinauf zum Zwerchfell.

Das Essen macht Sie träge.
Das Essen macht Sie lustlos.
Das Essen macht Sie traurig.

Sie schiebt eine Praline nach der anderen in den Mund.

Sie spüren den Druck im Magen immer stärker.
Sie spüren den engen Rockbund.
Sie spüren die Übersäuerung im Magen.
Sodbrennen.

Fäulnisbakterien und Gifte steigen auf.
Vergiften den ganzen Körper.
Schmerz, Hoffnungslosigkeit, Einsamkeit, Ekel, Leere.

Sie kann nicht mehr.

Was haben Sie gefühlt?

Wenn Sie die Trauer und die Einsamkeit besonders stark gespürt haben und weniger den Ekel, so ist das völlig normal, weil diese Szene mehr die Einsamkeit betont, mehr das Gefühl, nicht geliebt zu werden. Sie wissen, dass das Essen mit Liebe und Geborgenheit programmiert ist und deshalb die entgegengesetzten Gefühle Einsamkeit und Nicht-geliebt-Werden sehr wichtig sind.
Wenn Sie hier nichts gespürt haben, dann wollen wir den Grund dafür herausfinden. Wenn Sie das Gefühl hatten, die Frau sei selbst schuld, jeder könne doch etwas aus seinem Leben machen, so ist das sicher auch in Ihrem Leben eine Grundeinstellung. Hier geht es aber nicht darum, den Menschen zu bewerten. Vielmehr soll das Bild nur ein Hilfsmittel sein, um Sie in Verbindung mit Essen Trauer, Einsamkeit und Ekel spüren zu lassen. Sie haben sicher schon Spielfilme gesehen, in denen die herzzerreißende Geschichte eines Menschen erzählt wurde, der im Leben eigentlich keine Chance hatte. Die Geschichte fängt vielleicht in der Kindheit an: Das Kind wächst verwahrlost bei seiner allein erziehenden Mutter auf, die Alkoholikerin ist. Die Wohnung verwahrlost, mittags nur selten ein warmes Essen und in der Schule ausgegrenzt. Wenn man den Schmerz der Kinder erlebt in solchen Situationen, wird wohl keiner sagen: Selbst schuld. Und so eine verletzte Kinderseele können Sie sich zum Beispiel in dieser Frau vorstellen. Die Szene fängt eigentlich mitten im Film an. Wenn Sie sich jetzt wie ein Regisseur um diese Frau eine Geschichte ausdenken, die Sie berührt, so werden Sie diesen Film nicht mehr distanziert, sondern emotional erleben. Und genau das brauchen wir hier.

Legen Sie die CD ein, schließen Sie die Augen und erleben Sie den Film intensiv mit.

2. Positiv-Szene: Teestunde im Wohnzimmer

Stellen Sie sich einen behaglichen Wohnraum in hellen, gedämpften, weichen Farben vor. Eine große, kuschelige Couch mit weichen Kissen. Auf der Couch sitzt eine attraktive, schlanke Frau im Schneidersitz.

Sie trägt beigefarbene, weiche Strickkleidung.
Neben dem weiten Pullover und den Strickleggins hat sie weiche Wollsocken an.
Im Hintergrund hören Sie leise Musik.

Vor ihr auf dem Tisch steht ein Tablett mit Teekanne, Teetasse und ein kleines Schälchen mit ein paar Keksen.

Die Frau hat ein Buch in der Hand und liest.
Sie spüren Ruhe und Harmonie.
Sie spüren Geborgenheit.
Sie fühlen sich wohl.
Sie sind glücklich.
Sie fühlen sich wohl in Ihrem Körper.
Sie lieben Ihren Körper.
Jede Bewegung mit Ihrem schlanken Körper nehmen Sie intensiv wahr.

Die Frau legt langsam das Buch auf den Tisch.

Sie nimmt ihre gefüllte Teetasse und umschließt mit beiden Händen die Tasse.
Sie lehnt sich behaglich zurück in die Kissen. Sie trinkt mit sichtlichem Behagen ihren Tee.
Sie spüren den warmen Tee durch Ihren Körper fließen.

Die Wärme entspannt Ihren Körper.
Sie spüren das wohlige Gefühl der Wärme im ganzen Körper.
Auch die Hände, die die Tasse umschließen, leiten die Wärme durch den ganzen Körper.

Sie fühlen sich geborgen.
Sie sind glücklich.
Sie hören leise Musik.
Sie spüren die Liebe zu sich selbst und zu Ihrem Körper.
Sie spüren die Liebe zu allem, was Sie umgibt.
Sie fühlen sich geliebt.
In Ihnen ist Glück und Harmonie.

Was haben Sie gefühlt?

Wenn Sie Geborgenheit, Harmonie und das Gefühl, mit sich selbst eins zu sein, gespürt haben, so ist das genau das richtige Gefühl.

Wenn Sie nichts gefühlt haben, überlegen Sie, warum. Vielleicht sind Sie Kaffeetrinker, und mit Tee kann man Sie nicht locken. Ich habe allerdings schon viele Kaffeetrinker zu Teetrinkern gemacht, denn nach kurzer Zeit konnten sie in Verbindung mit Teegenuss positive Gefühle empfinden. Wenn es aber überhaupt nicht geht, weil Sie als Kind vielleicht monatelang im Krankenhaus lagen und täglich Tee trinken mussten, dann sollten Sie in der ersten Zeit vielleicht versuchen, ein anderes Getränk positiv zu erleben. Dabei sollte es sich allerdings nicht gerade um Kakao handeln. Gut wäre eine heiße Zitrone oder Früchtetee mit Zitronensaft.

Die meisten Menschen sehen sich bei diesem Bild in ihrem eigenen Wohnzimmer. Wenn jemand dabei keine positiven Gefühle hat, so frage ich zuerst, ob er sich in seinem Wohnzimmer gesehen hat und ob er sich dort wohl fühlt. Und dann höre ich sehr oft: Nein, ich fühle mich in meinem Wohnzimmer nicht besonders wohl. Vielleicht ist der Betreffende gerade in eine ungemütliche Junggesellenwohnung gezogen, und es fehlt am Geld für eine neue Einrichtung. Auch hier zeigt sich wieder: Das Unterbewusstsein lügt nie. Wenn Sie sich vorstellen, in einem solchen Raum zu sitzen, wird sofort der Knopf gedrückt, und der Hormoncocktail, der das Gefühl von Unbehagen auslöst, wird auch hier allein durch die Vorstellung ausgeschüttet. Sie sehen, wie schwierig es ist, für sich geeignete Bilder zu gestalten, um an die richtige Emotion zu kommen. Aber der Sinn dieser Szene ist es, ein neues, schnell verfügbares Trostprogramm zu installieren, nämlich Teetrinken statt Essen.

Neue gesunde Hilfsprogramme

Die Folge der Negativ- und Positiv-Szenen: Wenn Sie z.B. Ärger im Beruf hatten, machten Sie früher auf dem Heimweg beim Bäcker einen Zwischenstopp, um sich ein Packet Kuchen oder Kaffeeteilchen zu kaufen, die Sie teilweise schon im Auto mampften, und zu Hause fielen Sie auch noch über den Kühlschrank her. Denn durch den Frust quälten Sie unendlich viele Stresshormone. Jetzt schweigt in solchen Situationen das Suchtprogramm. Sie fahren zwar immer noch frustriert nach Hause, aber jetzt sehnen Sie sich danach, sich behaglich in Ihr Wohnzimmer zu setzen und Tee zu trinken. Und dieses Programm läuft nicht über Disziplinierung, nach dem Motto: »Tee hat weniger Kalorien als Sahnetorte«, sondern Sie sehnen sich danach, Tee zu trinken. Ihr altes Suchtprogramm ist durch die Emotionen der Negativ-Szenen überlagert und schweigt. Und das neue Hilfsprogramm »Teetrinken in Verbindung mit Glücksgefühlen« ist jetzt im limbischen System verankert und meldet sich, um Sie zu trösten, wenn Stresshormone ausgeschüttet werden.

Legen Sie die CD ein, schließen Sie die Augen und erleben Sie den Film intensiv mit.

3. Negativ-Szene: Albtraum

Sie sehen einen großen leeren Saal.
Neonbeleuchtung.
Kalter Steinboden.
In der Mitte steht ein Tisch, überladen mit Sahnetorten, fetten Würsten, Speck, fettem Fleisch, Schokolade, einer großen Schüssel Pudding, fettem Käse, süßen Cremetörtchen, Spaghetti mit Sahnesoße, süßen klebrigen Nougatpralinen und öltriefendem Schmalzgebäck.

Vor dem Tisch sitzt eine Frau in einem großen Sessel.
Sie sieht angewidert auf die aufgetürmten Speisen.

Plötzlich wachsen Arme aus dem Sessel, die sich fest um ihren Leib schließen.
Ein Entkommen ist nicht mehr möglich.
Aus der hohen Sesselrücklehne wachsen ebenfalls Arme.
Eklige, lange Arme mit klobigen Händen.

Die Hände greifen nach den Speisen und zwingen die Gefangene zu essen.
Sie muss essen.

Wahllos wird ihr alles in den Mund gestopft.
Sahnetorte, fettes Fleisch, weiche Schokolade, süßer Pudding, fetter, weicher Käse und klebrige Pralinen.

Man sieht nur die klobigen Hände, die gnadenlos alles in den Mund stopfen.
Speisereste quellen aus dem Mund wieder heraus.
Sie muss essen.

Sie spüren das entsetzliche Gefühl, zum Essen vergewaltigt zu werden.
Sie spüren Angst, Wut, Demütigung.
Sie spüren den Druck im Magen.
Sie spüren den Druck bis hinauf zum Zwerchfell.

Sie spüren den Ekel vor fettem Fleisch.
Sie spüren den Ekel vor Schokolade.

Sie spüren den Ekel vor weichen, klebrigsüßen Nougatpralinen.
Sie spüren den Ekel vor fettem Käse.
Sie spüren den Ekel vor süßem Pudding.

Sie spüren, dass die Unmengen von Speisen Sie langsam vergiften.
Sie spüren, wie Ihr Körper immer träger wird.

Das Essen macht Sie dick und dicker.

Sie spüren die Angst, die Verzweiflung.
Sie spüren die große Sehnsucht, nicht mehr weiteressen zu müssen.
Nicht mehr essen zu müssen, wäre die große Befreiung.

Sie spüren die Sehnsucht, den Körper zu entgiften.
Sie spüren die Sehnsucht, den Körper zu reinigen.
Sie spüren die Sehnsucht, leicht zu sein.

Was haben Sie gespürt?

Wenn Sie Wut und Verzweiflung gespürt haben, weil man Sie zum Essen gezwungen hat, Ekel, weil alles durcheinander in den Mund gestopft wurde, wenn Sie die unangenehmen Körperempfindungen gespürt haben, dann müssen Sie Ihr inneres Bild nicht verändern. Wenn Sie diese Emotionen nicht verspürt haben, überlegen Sie, warum. Wie sah Ihr Bild aus? War dieser große, leere Saal verschmutzt, unbehaglich, der Tisch mit den aufgetürmten Speisen unappetitlich wie etwa ein abgefressenes, zwei Tage altes Buffet. Oder sah Ihr Bild ganz anders aus, nämlich ein schönes Buffet in einem Hotel? Sie sehen, worauf ich hinaus will. Nur Ihr inneres Bild entscheidet darüber, welche Emotionen Sie spüren. Wenn ich Schokoladenpudding liebe und den Pudding in einer schönen Kristallschüssel sehe mit Sahnetupfern garniert, wird kaum ein Ekelgefühl entstehen. Wenn Sie sich aber eine alte, verkratzte, halb leer gegessene Acrylschüssel

mit einem Schokoladenpudding vorstellen, der bereits zwei Tage in der Wärme steht, der beginnt, sich zu zersetzen, auf dem Fliegen sitzen, und Sie werden gezwungen, diesen abgestandenen Pudding mit seiner zähen Haut mit einem großen Löffel zu essen, so wird sich Ihr Gefühl, denke ich, verändern. Ich habe diese Szene als Albtraum-Szene geschildert, weil wir im Traum emotional, das heißt hormonell das Gleiche erleben wie in der Realität. Ich wollte diese Szene, die fast einer Vergewaltigung gleicht, nicht real schildern, sondern als Albtraum erleben lassen, weil dadurch die Bewertung eine andere ist.

Wenn Sie das Gefühl haben, dass eines dieser Bilder zu nah an einem eigenen traumatischen Erlebnis ist, so lassen Sie dieses Bild einstweilen weg. Ich würde in solchen Fällen empfehlen, bei einem meiner ausgebildeten Therapeuten oder bei mir selbst in einem Seminar oder in einem Einzelcoaching diese Schmerzbilder aufzuarbeiten.

Legen Sie die CD ein, schließen Sie die Augen und erleben Sie den Film intensiv mit.

3. Positiv-Szene: Der Wasserfall

Gleißendes Sonnenlicht, blauer Himmel.
Sie hören das Rauschen eines Wasserfalles.
Blaues, kristallklares Wasser.

Eine nackte Frau mit einem schlanken, festen Körper steht unter diesem Wasserfall.
Kühles, kristallklares Wasser.
Sie reckt und dreht sich lustvoll unter der kalten, blauen Wasserflut.

Sie spüren das Glück, vom Alptraum befreit zu sein.
Sie spüren das kalte, klare Wasser auf dem schlanken, festen Körper.
Sie spüren die Erlösung.
Das Wasser befreit Sie von Giften und Schlacken.
Sie spüren das klare Wasser durch Ihren Körper fließen.
Jede Körperzelle wird entschlackt und gereinigt.

Sie fühlen sich frei.
Sie fühlen sich leicht.
Sie spüren die Energie in Ihrem Körper.
Sie fühlen sich wie neu geboren.
Jede Bewegung mit dem schlanken Körper ist lustvoll.

Sie spüren Glück zum Überlaufen.
Sie spüren die Liebe zu sich selbst.
Sie spüren die Liebe zur Natur.
Sie spüren die Liebe zu jedem Lebewesen.
Sie spüren die Liebe zu den Menschen.
Sie fühlen unendlich viel Liebe in sich.

Was haben Sie gefühlt?

Wenn Sie sich frei und voller Energie in Ihrem Körper gespürt haben, dann ist dieses Bild das richtige für Sie.
Haben Sie nichts gefühlt, dann liegt es wahrscheinlich wie-

der an Ihren inneren Bildern. Wer es hasst, kalt zu duschen, wird hier sicher kein positives Gefühl entwickeln können. Stellen Sie sich in diesem Fall einen sanften, lauwarmen Wasserfall in der Karibik vor. Wenn Sie sich Ihres nackten Körpers schämen und ihn eher abwertend betrachten, wird es schwer fallen, hier ein unbeschwertes Glücksgefühl zu haben. Sie sollen sich in diesem Bild nicht von außen betrachten, sondern fühlen. Sie selbst sehen sich meist nicht, sie fühlen sich. Genauso sollen Sie in diesem Bild die Körperwahrnehmungen fühlen. Sie sehen sich in Ihrer Gesamterscheinung nur, wenn Sie vor dem Spiegel stehen.
Als Mann sehen Sie natürlich keine Frau, sondern sich selbst unter dem Wasserfall! Spüren Sie das Körpergefühl – es könnten sonst die falschen Hormone ausgeschüttet werden!

Sind Sie süchtig nach Süßigkeiten?

Wenn Sie süchtig nach Süßigkeiten sind und Ihnen die Negativ-Szenen nicht ausreichen, weil Sie sich Süßes nicht negativ vorstellen können, so empfehle ich Ihnen zusätzlich noch folgende Übung: Nehmen Sie einen Teelöffel Schweineschmalz in den Mund und dazu Ihre Lieblingspraline. Schließen Sie die Augen und konzentrieren Sie sich auf diesen ekligen Geschmack. Stellen Sie sich vor, wie der dicke, fettige, süße Speisebrei vom Mund in den Schlund durch den Magen gelangt. Und wie im Magen dieser eklige Brei sich wie ein Bleiklumpen anfühlt. Der Magen drückt, Giftstoffe gelangen aus dem ekligen Speisebrei in den Körper. Die Giftstoffe machen Sie träge, die Giftstoffe verunreinigen Ihren Körper und bewirken unreine Haut. Sie spüren den Ekel vor Schokolade und allem Süßen. Sie spüren, dass die Unmengen von Süßigkeiten Sie langsam vergiften. Sie spüren die Sehnsucht, keine Süßigkeiten mehr essen zu müssen. Sie spüren die Sehnsucht, den Körper zu entgiften. Sie spüren die Sehnsucht, leicht zu sein. Wenn Sie sich fünf Minuten auf diese Gefühle konzentriert haben, können Sie den ekligen Schmalz-Schoko-Brei wieder ausspucken. Mit dieser Übung haben Sie jetzt ein negatives Süß-Programm installiert. Wiederholen Sie die Übung fünf bis sechs Tage hintereinander, jeweils ca. fünf Minuten.

Die positiven Wirkungen

Inzwischen haben Tausende von Seminarteilnehmer(inne)n und Leser(inne)n Erfahrungen mit meinem Trainingsprogramm gemacht. Und alle berichten unisono:

- Sie sind früher satt als sonst, essen also automatisch weniger.
- Sie haben eine verstärkte Wahrnehmung für Fettes und Süßes.
- Sie verspüren mehr Appetit auf frische Sachen, wie Obst und Salate.
- Sie haben mehr Durst.
- Der Stoffwechsel ist angeregt.
- Das Essen ist aus dem Kopf.
- Psychosomatische Beschwerden wurden gelindert.
- Und natürlich: Alle haben abgenommen, manche sehr schnell, andere langsam, aber stetig.

Durch die Positiv-Szenen werden neue Hilfsprogramme installiert, die sich bei Langeweile, Frust, aber auch wenn man glücklich ist, als neue Trost- oder Verwöhnprogramme melden. Da das Trinken von Wasser oder Tee in Verbindung mit Glücksgefühlen erlebt wird, haben fast alle Teilnehmer viel mehr Durst als zuvor, und da Stresshormone abgebaut werden, fühlen sich fast alle wesentlich ausgeglichener. Hier einige typische Antworten aus den Fragebögen:

Frage: »Hat sich Ihr Trinkverhalten verändert?« und »Haben Sie eine Veränderung Ihres psychischen Wohlbefindens festgestellt?«

Anna B.: »Ich trinke sehr viel Wasser, fühle mich trotz enormem Stress ausgeglichen und bleibe ruhig.«

Sylvia M.: »Ich trinke mehr und gerne. Ich bin glücklich, selbstverliebt, ich glaube an mich, habe zum ersten Mal Selbstbewusstsein.«

Oliver (15 J., 114 kg) trank literweise Cola, mag es aber seit dem Seminar nicht mehr: »Ich trinke das Doppelte an Wasser seit dem Seminar. Ich empfinde alles viel positiver und denke nicht mehr ans Essen.«

Daniela S.: »Trinke gerne Tee und Wasser, habe kaum mehr Lust auf Alkohol und Limonade, trinke mehr als früher. Ich bin mit mir toleranter. Wenn es mir nicht gut geht, komme ich schneller wieder hoch, mehr Glücksgefühle, Selbstbewusstsein, konzentriere mich nicht mehr so stark auf das Äußere, habe Lust auf Sport.«

Sabine M.: »Trinke öfter, mag nur Wasser, keine Säfte oder Alkohol. Ich bin gelassener, ruhiger, kann mich mehr an Alltäglichem freuen. Bin erleichtert, dass ich nicht ständig an das Essen denken muss.«

Entgegengesetzte Emotionen, gefühlt in den Negativ-Szenen – das ist der Schlüssel zum Erfolg des »emotionalen Schlankheitstrainings«, wie folgende Statements zeigen.

Entgegengesetzte Emotionen, gefühlt in den Negativ-Szenen – das ist der Schlüssel zum Erfolg des »emotionalen Schlankheitstrainings.

Für **Monika M.** sind es gerade die Negativ-Szenen, die ihr gestörtes Essverhalten verändert haben: »Die Negativ-Szenen des emotionalen Schlankheitstrainings sind für mich der Schlüssel zum Erfolg des ganzen Programms. Die Emotionen, die diese Szenen auslösen, sind für mich so stark und wirken sich deshalb anscheinend so tief aus, dass ich vom ersten Tag an abends nicht mehr an den Kühlschrank gegangen bin, um Wein und Käse zu holen.«

Ihr Unterbewusstsein erreichen Sie nur durch starke Emotionen.

Und allen gemeinsam ist auch die Erfahrung von **Martina S.:** »Erst die Negativ-Szenen ermöglichen es, auf Dauer abzunehmen und vor allem dauerhaft schlank zu bleiben. Interessanterweise jedoch verleiden sie mir keineswegs den Appetit, sondern lenken ihn in normale Bahnen.«

Anna B., eine Bulimie-Patientin, berichtet: »Die Sättigung, die ich sonst gar nicht mehr spürte, setzt wieder ein. Ich esse jetzt aus Hunger und sonst gar nicht mehr. Ich kann wieder leben, ohne ans Essen zu denken. Und ich kann leben, wenn Essen in meiner Umgebung ist, ohne essen zu müssen.«

Hier typische Antworten aus den Fragebögen, die von Seminarteilnehmern nach vier Wochen oder einem halben Jahr zurückkommen. Unter den 28 Fragen ist auch die folgende: »Haben Sie eine Veränderung Ihres Essverhaltens bemerkt?«

Daniela S.: »Ich esse, wenn ich Hunger habe, und höre auf, wenn ich satt bin. Ich trinke mehr, esse gern Salate und habe Lust auf frische Sachen. Und esse viel weniger Süßigkeiten.«

Sabine M.: »Ich merke deutlich früher, wenn ich satt bin. Essanfälle sind nur noch selten. Ich konnte eine Tüte Lebkuchen tagelang ungeöffnet lassen.«

Jutta M.: »Schnelles Sättigungsgefühl, Lust auf frisches Obst. Ich vergesse das Essen.«

Maria W.: »Ich denke viel weniger ans Essen, insbesondere an Süßigkeiten, keine Zwanghaftigkeit beim Essen, entspannter Umgang.«

Damit auch Sie die beschriebenen Wirkungen erleben, ist es wichtig, in den Negativ-Szenen die Emotionen zu spüren. Nur sie können dem Unterbewusstsein neue, entgegengesetzte Informationen erteilen. Entscheidend ist, dass Sie in den negativen Bildern die Einsamkeit, das Nicht-geliebt-Werden, die Verwahrlosung, unangenehme Körperempfindungen und Ekel verspüren. Sie können nur das spüren, was Sie schon einmal erlebt haben.

Ich habe immer wieder Teilnehmer, die nach wenigen Wochen aufhören, weil sie so begeistert sind von den positiven Wirkungen des Trainingsprogramms. Sie glauben sich be-

Analyse Ihrer persönlichen Ekelgefühle

Wovor ekeln Sie sich?

- **fettes Fleisch**
- **Schimmel an Lebensmitteln**
- **Schleim**
- **Geruch von verdorbenen Lebensmitteln**
- **Körpergerüche wie Schweiß**
- **Ungeziefer**
- **Biotonnen**

Gibt es noch andere Dinge oder Wahrnehmungen, die Ihnen Ekel erregen?

Analyse Ihrer persönlichen Trauergefühle

Was macht Sie traurig?

- **Abschied von Menschen, die Sie gerne mögen**
- **das Gefühl, ausgegrenzt zu sein**
- **nicht beachtet zu werden**
- **gedemütigt zu werden•**
- **verleumdet zu werden**
- **Einsamkeit**
- **sich selbst nicht zu mögen**

Welche Situationen machen Sie noch traurig?

Fügen Sie eines dieser analysierten Elemente in Ihr Negativ-Bild mit ein, um die negativen Emotionen zu verstärken. Nur, was für Sie authentisch ist, bewirkt bei Ihnen eine starke Emotion, das heißt eine Hormonausschüttung.

Sie wissen jetzt: Ihr Unterbewusstsein erreichen Sie nur durch starke Emotionen. Entscheidend ist, dass Sie in jede Szene hineinschlüpfen wie ein Schauspieler; die Emotionen als die Ihren intensiv mitempfinden und Körperreaktionen, wie Ekel oder Völlegefühl selbst spüren.
Um die neuen Programme für immer in Ihrem Unterbewusstsein zu installieren, benötigen Sie ca. sechs Monate – und zwar bei täglicher Übung!
Die positive Wirkung eines veränderten Essverhaltens tritt bei den meisten bereits am ersten Tag ein: Sie vergessen das Essen, das Essen ist aus dem Kopf!
Aber bitte machen Sie nicht den Fehler, aus lauter Begeisterung und weil alles so schön funktioniert, wieder mit dem Trainingsprogramm aufzuhören. Denn die Hormone werden bereits nach einem Tag wieder abgebaut. Nichts währt ewiglich, auch nicht die Glücksgefühle. Neue Programmierungen erfordern ein tägliches Übungsprogramm. Wenn Sie zu früh aufhören, verfallen Sie sofort wieder in Ihre alten Essgewohnheiten. Ihr Unterbewusstsein hat die alten Programme noch nicht gelöscht und die neuen Programme noch nicht auf Dauer installiert.
Sie haben mit den alten Programmen so lange gelebt, dass Sie schon etwas Geduld aufbringen müssen, um den neuen Programmen eine Chance zu geben.

reits am Ziel. Dies ist jedoch keineswegs der Fall. Tritt eine Krisensituation auf, verfallen sie schnell wieder in ihr altes Essverhalten, da das Suchtprogramm noch nicht gelöscht war. Ein halbes Jahr ist notwendig, das bestätigen auch Psychotherapeuten, um eingefahrene Verhaltensmuster dauerhaft zu verändern.

Hier noch einige Tipps:

- Wenn Ihre Gedanken abschweifen, bleiben Sie nicht daran hängen! Lassen Sie ihre Gedanken einfach gehen und kehren Sie dann ins Bild zurück.

- Wenn Sie in den Negativ-Szenen starke negative Emotionen erleben, ist es trotzdem normal, dass sich diese nach einer gewissen Zeit abschwächen oder dass sie gar keine Emotionen mehr spüren. Dann müssen Sie Ihr inneres Bild mithilfe Ihrer persönlichen emotionalen Elemente von Ekel und Trauer verändern.
- Wenn Sie Ihr Trainingsprogramm machen, sollten Sie absolute Ruhe haben. Partner oder Kinder im gleichen Raum, auch wenn Sie Kopfhörer haben, werden sicher das totale Sich-fallen-Lassen und das intensive Erleben dieser Bilder verhindern. Nehmen Sie am besten den Telefonhörer ab, um wirklich nicht gestört zu werden.
- Wenn Sie unterwegs sind, sollten Sie immer einen Diskman und die CD mitnehmen. Sie können dann Ihr Programm im Flugzeug oder auch auf einer Bahnfahrt bei geschlossenen Augen und mit Kopfhörern wunderbar absolvieren.

Das emotionale Schlankheitstraining führt nur zum dauerhaften Erfolg, wenn Sie es ein halbes Jahr lang täglich durchführen.

- Falls Sie unterwegs sind und die CD und Ihren Diskman einmal vergessen haben, ist das kein Grund, das Programm nicht zu machen. Visualisieren Sie sich ca. drei Minuten eine Negativ-Szene und anschließend eine Positiv-Szene.
- Ich empfehle, diese Übungen immer mit Kopfhörer zu machen. Weil Sie von der Welt abgeschottet sind und das Bild viel intensiver erleben.

Erleben formt das Gehirn

Aus der Psychoneurologie weiß man heute, dass unser Gehirn fast ausschließlich über Gedächtnisleistungen funktioniert. Wir reagieren auf Sinnesreize mit einem gespeicherten Programm, unsere Reaktionen resultieren aus dem, was wir erlebt haben.
Und noch eine revolutionäre wissenschaftliche Erkenntnis schließt hier an: Ein Neurobiologe, der Göttinger Hirnforscher Gerald Hüther, stellte anlässlich der 51. Lindauer Psychotherapiewochen im April 2001 ein umwälzendes Ergebnis der neueren Hirnforschung vor: Die Seele gestaltet die Materie des Gehirns. Dieses Organ ist nicht mit Abschluss der Entwicklungsphase fertig und baut danach nur noch ab, sondern es ist plastisch, das heißt, es bleibt lebenslang entwicklungsfähig. Die Folge: Wie unser Gehirn aufgebaut ist, hängt von den Erfahrungen ab, die wir gemacht haben. Der Hirnforscher nennt als Beispiel eine Reihenuntersuchung an Londoner Taxifahrern, bei denen man mittels neuer bildgebender Verfahren messen konnte, dass das Zentrum für räumliche Vorstellung, der Hypothalamus, umso größer ist, je länger ein Mensch Taxi fährt. Also: Erleben formt das Gehirn. Seine Schlussfolgerung aus den eigenen Forschungen lautet: Das menschliche Gehirn ist so wenig wie möglich genetisch geprägt, damit wir so viel wie möglich lernen können. Wir können also unser Leben lang lernen oder verlernen.

Die »5 Harmonys« – Basiselement des Programms

Die »5 Harmonys« sind emotionale Energieübungen, die den Stoffwechsel anregen und somit wieder zu positiven Veränderungen im Hormonhaushalt führen, die das Abnehmen erleichtern. Energieblockaden werden gelöst, Ängste und Stress abgebaut und ein neues Selbstbewusstsein aufgebaut. Archaische Bilder, untermalt von eigens für diese Szenen komponierter Filmmusik (und farbiges Licht, das gedanklich durch den Körper fließt), wirken psychisch und körperlich sehr entspannend durch Glücksgefühle und Zuversicht.

Mit der CD haben Sie ein ausgezeichnetes Werkzeug, ein Instrument an der Hand, um täglich Glückshormone zu produzieren.

- Sie lernen, Ihr Unterbewusstsein positiv zu programmieren.
- Sie gewinnen neue emotionale Erkenntnisse sowie ein tiefes Selbstvertrauen.
- Sie bekommen das Gefühl, Energie zu »atmen«.
- Sie lernen, loszulassen.
- Sie spüren, Sie leben!

Das emotionale Schlankheitstraining basiert auf der Erkenntnis, dass die größte Kraft in unseren Emotionen liegt. Anhand vieler Beispiele haben Sie gesehen, wie Emotionen physiologische Körperveränderungen hervorrufen (zum Beispiel Gänsehaut) und Verhaltensmuster verändern. Dieses Wissen hat mich veranlasst, teilweise mit einer Yogalehrerin fünf meditative Übungen zu entwickeln, die u.a. Energieblockaden lösen und den Stoffwechsel anregen und damit das Abnehmen erleichtern.

Wie Farben wirken

Die Emotionen werden noch verstärkt durch die Wirkung von Farben. Jeder weiß von sich selbst, wie sehr unsere Stimmung von Farben abhängig ist. Schon die alten Ägypter, Inder und Chinesen kannten die positive Wirkung der Farbtherapie und wandten sie mit Erfolg an. Und auch heute wird in den meisten Naturheilpraxen mit Farbtherapie gearbeitet.

Ein Leben ohne Farben wäre undenkbar. Wir sind ständig umgeben von Farben. Die Farbenpracht in der Natur, wie z. B. Sonnenaufgang oder -untergang, blauer Himmel, türkisfarbenes Meer, satte, grüne Wiesen mit bunten Blumen, wirken positiv auf unsere Psyche. Tristes, graues Novemberwetter hingegen dämpft unsere Stimmung deutlich. Farben sind Schwingungen. Farben sind Energien. Farbe ist Licht, und Farbe ist Leben.

Wenn Sie sich z. B. vorstellen, Sie müssten in einem Raum leben, der mit schwarzem Teppichboden, schwarzen Wänden und mit schwarzen Möbeln eingerichtet wäre, so fühlen Sie schon allein durch das Visualisieren dieser tristen Höhle alles andere als Frohsinn. Denn Schwarz wirkt auf die Psyche negativ.

Stellen Sie sich nun den gleichen Raum in Scharlachrot vor, dann werden Sie Unruhe verspüren. Rot ist eine starke Reiz- und Anregungsfarbe. Rot macht aktiv und aggressiv.

Visualisieren Sie sich hingegen in Gelb, so werden Sie Heiterkeit verspüren. Gelb symbolisiert die Schwingung der Sonne, ist eine warme, heitere und helle Farbe. Gelb bedeutet geistige Antriebsstärke.

Orange ist die aktivste und tatkräftigste Farbe. Darum verwende ich sie gleich zweimal in den Harmony-Übungen. Es aktiviert die Verdauung und vermittelt Lebensfreude.

In den USA, in Europa, in Russland, in Afrika, in Japan, Indien und Australien wurden Hunderttausende von Farbtestuntersuchungen durchgeführt, und überall zeigten die Versuche die gleichen Ergebnisse. Unabhängig von Kultur, Erziehung oder geografischem Standort – die Wahrnehmungsreize wurden überall gleich aufgenommen. Orange wirkt auf jeden anregend und Blau auf jeden beruhigend. Blau kann daher bei nervös bedingter Schlaflosigkeit zu Entspannung und Ruhe führen. Durch die Vorstellung, dass farbiges Licht durch den Körper fließt, wird die emotionale Wirkung der »5 Harmonys« verstärkt. Im Laufe der Jahre habe ich mit vielen Krebskranken gearbeitet, und auch Onkologen schickten mir ihre Patienten. Dabei hat sich herausgestellt, dass gerade die »5 Harmonys« Krebskranken sehr gut tun und dazu beitragen, deren Ängste abzubauen, Energie aufzutanken und ihr Immunsystem zu stärken.

Nehmen Sie täglich Ihre Glückshormon-Dusche

Die »5 Harmonys« sind kein anstrengendes Gymnastikprogramm, bei dem Sie außer Atem geraten. Trotzdem sind diese Übungen für den Energiefluss im Körper effektiver als andere Programme. Sie lernen durch diese Übungen Energien im Körper in Gefühle umzusetzen. Denn Gefühle sind unsere stärkste Kraft. Sie werden schon nach kurzer Zeit feststellen, wie gut Ihnen diese Übungen tun. Ausgewählte Bilder, positive Suggestionen und farbiges Licht, das Sie gedanklich als Energie durch den Körper fließen lassen, in Verbindung mit meditativen Bewegungsabläufen bewirken, dass Ängste und Sorgen sofort von Ihnen abfallen. Stress, den man sich fast immer nur selbst macht, verliert seine Bedrohlichkeit. Die Ruhe und Gelassenheit, die Sie aus den

»5 Harmonys« gewinnen, verhelfen Ihnen zu innerer Ruhe. Um sich von der positiven Wirkung der »5 Harmonys« überzeugen zu lassen, gibt es allerdings nur eines: Sie müssen sie ausprobieren. Wenn Sie jedoch erst einmal damit anfangen, werden Sie feststellen, wie gut sie Ihnen tun. Es wird Ihnen ein Bedürfnis sein, diese Übungen mit der CD täglich in Ihr Programm einzubauen.

Sie werden die Ruhe, die Harmonie, das Offenwerden Ihres Geistes, das Loslassen von Druck und Stress, die Stärkung Ihres Selbstbewusstseins und die Befreiung von Ängsten als Glücksdroge aufnehmen, und das ist gut so. Die Übungen können Sie ein Leben lang begleiten.

Tipps

- **Wenn Sie Schwierigkeiten haben, eine vorgegebene Farbe zu visualisieren, so ist das nicht entscheidend für den Erfolg. Viel wichtiger ist Ihr Gefühl. Wenn Sie sich in einem Bild wohl fühlen, ist dessen Wirkung auch dann sehr intensiv, wenn Sie sich z B. blaues Licht nicht vorstellen können. Und wenn Sie sich statt blauem Licht lieber helles Sonnenlicht vorstellen, so spricht nichts dagegen. Auch hier ist es wieder wichtig: Es soll Ihr Wohlfühlbild sein.**
- **Wenn die Bewegung Sie anstrengt, gehen Sie auf eine bequeme Ausgangsstellung zurück. Oder versuchen Sie die Übung mit geschlossenen Augen im Liegen zu machen. So ist die Emotion meist stärker, als wenn Sie sich wegen Überanstrengung der Muskulatur nicht mehr in dem Bild wohl fühlen, sondern sich nur noch auf den Schmerz konzentrieren.**
- **Genau wie bei den Negativ- und Positiv-Szenen können Sie auch die inneren Bilder bei den »5 Harmonys« verändern. Wenn Sie gläubig sind (egal, welcher Religionsgemeinschaft Sie angehören), so können Sie ein göttliches Element, wie zum Beispiel einen Schutzengel, in das Bild einfügen und sich vorstellen, dass Sie einen Dialog mit Ihrem Schutzengel führen.**

Versuchen Sie, bevor Sie die CD zu Hause einlegen, eine klare Vorstellung von Ihrem inneren Bild zu gewinnen. Denn wenn Sie z. B. in einem Bild sind, das Sie auf einen Berg versetzt, und Sie fangen dann erst an, nach einem passenden Gipfel zu suchen, so blockieren Sie Ihre Gefühle. Suchen Sie sich den Berg vorher aus.

1. Harmony: Abendsonne

Es ist Abend.
Sie stehen am Meer.
Ein fester, breiter Gurt, der um Ihre Taille liegt, öffnet sich.
Sie atmen befreit und tief in den Bauch.
Sie spüren den warmen Sand unter Ihren Füßen.
Sie spüren die warme, weiche Luft.
Warme, weiche Luft streichelt Ihre Haut.
Sie fühlen sich frei, erlöst.

Die Abendsonne geht langsam im Meer unter.
Sie hören den sanften, regelmäßigen Rhythmus der Wellen.
Sie sind glücklich.

Sie beugen sich mit gestreckten Beinen langsam hinunter und holen die orangefarbene Sonne, Ihre Lebensenergie, aus dem Meer.
Sie spüren die warme Energie in Ihren Füßen und Unterschenkeln, orangerote, warme Energie.
Ganz langsam führen Sie den orangefarbenen Feuerball an Ihrem Körper entlang.
Sie spüren die warme Energie in Ihren Oberschenkeln.
Sie spüren die warme Energie in Ihrem Bauch.
Ihr Bauch ist warm und ganz entspannt.

ES atmet.
Sie spüren die warme Energie in Ihrem Brustkorb und Rücken.
Mit den Händen umfassen Sie die Sonne jetzt seitwärts und führen sie langsam nach oben.

Sie spüren die warme Energie in Hals und Kopf.
Sie sind glücklich.
Sie fühlen sich frei.

Wirkung

Die erste Übung löst Energieblockaden, stärkt das Immunsystem und regt stark den Stoffwechsel an.

1. Harmony: Abendsonne

Sie spüren ein starkes Vertrauen zu sich selbst.
Nun setzen Sie mit gestreckten Armen und Beinen die Sonne wieder ans Firmament.

Die Sonne, Ihre Lebensenergie, steht jetzt am Himmel.

Sie sind eingetaucht in ein magisches orangefarbenes Licht.
Orangefarbenes Licht fließt durch Ihren Körper.
Energie fließt durch jede Körperzelle.

Sie spüren die Kraft, die in Ihnen steckt.
Alle Blockaden sind gelöst.
Ihre Energie fließt frei.

ES atmet.

Sie nehmen die Sonne wieder und führen sie langsam zurück ins Meer.

Sie spüren die warme Energie in Kopf und Hals.
Sie spüren die orangefarbene Energie in Brust, Rücken und in Ihren Armen.
Sie spüren die orangefarbene Energie in Ihrem Bauch.
Sie spüren die warme Energie in Ihren Oberschenkeln.
Sie spüren die orangefarbene Energie in Ihren Unterschenkeln und Füßen.

Sie legen die Sonne behutsam wieder zurück ins Meer.
Sie richten sich langsam auf und strecken die Arme zum Himmel.

Durch Ihren Körper fließt warme orangefarbene Energie.
Sie spüren die Kraft, die in Ihnen steckt.
Sie sind stark und selbstbewusst.
Alles, was Sie wirklich wollen, erreichen Sie auch.
ES atmet.

Die positiven Suggestionen bei dieser Übung machen Sie stark und selbstbewusst. Ängste und Stress werden abgebaut.
Sie spüren die Urkraft, die tief in Ihnen steckt.

2. Harmony: Mond

Ihre Arme sind vor der Brust angewinkelt.
Sie stehen mit geschlossenen, gestreckten Beinen.
Sie stehen an einem Waldsee.
Es ist Nacht.
Vollmond, silberweißes Licht.
Ihre Hände halten einen kleinen Mond.
Er strahlt silberweiße Energie ab.

Sie spüren seine Energie warm zwischen Ihren Händen.
Sie spüren die unergründliche Macht zwischen Himmel und Erde.

Sie heben langsam den rechten Arm gestreckt nach oben
und berühren mit den Fingerspitzen den Mond.
Sie spüren seine Energie in Ihrer rechten Hand.

Silberweiße Energie.
Sie spüren das silberweiße Licht im Unterarm,
im Oberarm.
Sie spüren das helle Licht in Kopf und Hals.

Silberweißes Licht fließt in Ihre rechte Schulter, über die rechte Brust, in Ihren Bauch.

Sie atmen ruhig und tief.
ES atmet.

Silberweiße Energie fließt über die rechte Gesäßhälfte in den Oberschenkel, in den Unterschenkel und in Ihren rechten Fuß

ES atmet.
Durch Ihre rechte Körperhälfte fließt Energie.
Silberweiße Energie reinigt ihren Körper von Giften und Schlacken.
Sie fühlen sich befreit, gereinigt.

ES atmet.

Sie nehmen die rechte Hand langsam nach unten

2. Harmony: Mond

und führen die aufgeladene Energie
Ihrem kleinen Mond zu.
Sie spüren die Energie warm zwischen Ihren Händen.
Sie spüren die Kraft Ihrer Gedanken.
Jeder Gedanke ist Energie.
Sie führen die linke Hand langsam nach oben und berühren mit den Fingerspitzen den Mond.
Sie fühlen die Energie warm in Ihrer linken Hand.
Silberweißes Licht fließt in Ihren Unterarm,
in Ihren Oberarm
Sie spüren das helle Licht in Kopf und Hals.

Silberweißes Licht fließt in Ihre linke Schulter, über die linke Brust, in Ihren Bauch.
Sie atmen ruhig und tief.

ES atmet.
Silberweiße Energie fließt über Ihre linke Gesäßhälfte in den Oberschenkel, in den Unterschenkel und in Ihren linken Fuß.
ES atmet.

Durch Ihre linke Körperhälfte fließt silberweißes Licht.
Silberweißes Licht reinigt jede Körperzelle von Giften und Schlacken.
Sie fühlen sich befreit, gereinigt.
Sie spüren, Sie sind ein Teil der Schöpfung.
ES atmet.
Sie nehmen die linke Hand langsam nach unten und führen die aufgeladene Energie Ihrem kleinen Mond zu.
Sie spüren seine Energie warm zwischen Ihren Händen.
Sie spüren die Kraft Ihrer Gedanken.

Sie verschränken über Kreuz Ihre Arme über der Brust.
Jeder Gedanke ist Energie.
Ihre Energie fließt frei.
Sie sind befreit, gereinigt.
Sie spüren Dankbarkeit.
ES atmet.

Wirkung

Bei der zweiten Übung spüren Sie die stark reinigende Energie durch Ihren Körper fließen.
Sie konzentrieren sich auf den Fluss des silberweißen Lichtes durch Ihren Körper. Sie visualisieren sich Gifte und Schlacken im Körper, die durch das silberweiße Licht gelöst und entfernt werden.
Sie fühlen sich befreit.
Wenn Sie Cellulite haben, hier ein Tipp, den viele Seminarteilnehmerinnen erfolgreich umsetzen konnten: Sie wissen, Stresshormone binden Wasser im Gewebe, und zwar gerade dort, wo Ihre Problemstellen sind. Visualisieren Sie sich, wie die Energie die Wassermoleküle auflöst und ausschwemmt.

3. Harmony: Berg

Sie stehen mit geschlossenen, gestreckten Beinen.
Ihre Hände sind vor der Brust wie zum Gebet gefaltet.
Sie stehen auf einem hohen Berg.
Tiefblauer Himmel über Ihnen.
Unter Ihnen unendliche Weite.

Sie fühlen sich frei, gelöst.
Sie atmen befreit und tief in den Bauch.
Sie spüren die Unendlichkeit des Universums.

ES atmet.

Sie strecken die Arme mit geschlossenen Händen langsam nach vorne aus, bis Ihre Arme eine waagerechte Linie bilden.
Während Sie langsam Ihre Arme öffnen,
öffnet sich Ihr Innerstes.
Sie nehmen die unendliche Weite in sich auf.
Sie atmen befreit und tief in Ihren Bauch.

ES atmet.

Sie sind glücklich.
Nichts kann Sie einengen.
Sie erkennen, das Glück liegt nur in Ihnen.
Nur Sie allein können Ihr Leben ändern.

Sie öffnen Ihre Arme, bis der rechte und der linke Arm eine Gerade bilden.
Sie sind ganz ruhig.
Sie fühlen sich frei.

Sie spüren Ruhe und Harmonie –
Sie spüren innere Freiheit.

Langsam schließen Sie wieder Ihre Arme,
Sie schließen die unendliche Weite in Ihr Innerstes ein.
Alles, was Sie wirklich wollen, erreichen Sie auch.
Niemand kann Sie einengen.

ES atmet.

Mit ausgestreckten Armen legen Sie Ihre Handflächen wieder zusammen.
Jetzt winkeln Sie Ihre Arme wieder an.
Nun stehen Sie mit vor Ihrer Brust gefalteten Händen.

Blaues Licht fließt durch Ihren Kopf und Hals, durch Schultern und Brust, in Ihre Arme.

Blaues Licht fließt in Ihren Bauch.

ES atmet.

Blaues Licht fließt über Ihr Gesäß in die Oberschenkel.
In Unterschenkel und Füße.
Blaues Licht fließt durch Ihren ganzen Körper.

ES atmet.

Sie verschränken die Arme vor Ihrer Brust.
Sie spüren Ruhe und Sicherheit.
Nur Sie allein können Ihr Leben ändern.
Ihre Möglichkeiten sind unbegrenzt – Unendlich.

Wirkung

Diese Übung befreit Sie von Stress und Ängsten. Auf einem Berg zu stehen, vermittelt fast allen Menschen das Gefühl von Freiheit, den Eindruck, über den Dingen zu stehen. Man sieht Probleme, die vorher noch erdrückend erschienen, aus einer größeren Distanz, und daher werden sie mit einem Mal überschaubar.
Angst und emotionale Betroffenheit blockieren unser Denken. Das ist auch der Grund dafür, dass man die Probleme von Freunden rational oft besser lösen kann als die eigenen – weil man nicht betroffen ist. Bei den eigenen Problemen ist es ebenfalls hilfreich, Distanz zu suchen, um Ängste abzubauen und durch neue Erkenntnisse einen Lösungsweg zu sehen. Diese Übung hilft Ihnen dabei.
Blaues Licht wirkt beruhigend und wird in der Farbtherapie bei Bluthochdruck, nervlich bedingten Organbeschwerden und Schlafstörungen eingesetzt.

1. Tipp:

Auch dieses Bild sollte Ihr Wohlfühlbild sein. Wenn Sie Höhenangst haben, werden Sie sich auch bei der Vorstellung, auf einem hohen Berg zu stehen, nicht wohl fühlen. Ihnen würde sofort schwindelig. Sie wissen, das Unterbewusstsein lügt nie. Stellen Sie sich in diesem Fall zum Beispiel auf einen Hügel, eingebettet in eine unendlich weite Landschaft. Oder auf einen Berg, wo auch der Berggipfel weitläufig ist.

2. Tipp:

Wenn Sie mit der Vorstellung, dass blaues Licht durch Ihren Körper fließt Schwierigkeiten haben, so können Sie sich auch Sonnenlicht als energetisches Licht vorstellen. Wichtig ist, dass Sie sich in dem Bild wohl fühlen.

4. Harmony: Feuer

Sie stehen vor einem großen Feuer.
Sonnenuntergang.
Der Sonnenuntergang taucht alles in ein imaginäres orangefarbenes Licht.
Der Himmel über Ihnen ist ein orangefarbenes Flammenmeer.

Sie sind eingetaucht in orangefarbenes Licht.
Sie stehen in kämpferischer Haltung.
Sie spüren die Kraft des Feuers und des Universums.
Sie spüren die Kraft, die in Ihnen steckt.
Sie sind stark und selbstbewusst.
Niemand kann Sie verletzen.

Sie atmen gelöst und frei in Ihren Bauch.

ES atmet.

Nun machen Sie die Übung zur anderen Seite.
Die linke Fußspitze zeigt jetzt nach vorne
und der rechte Fuß bildet einen rechten Winkel dazu.

Sie spüren die orangefarbene warme Energie.
Warme Energie fließt durch Ihren Körper.
Sie spüren die orangefarbene Energie in Kopf und Hals.

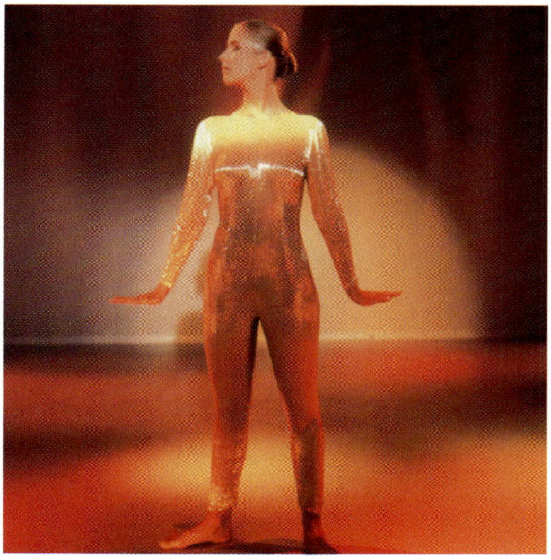

4. Harmony: Feuer

Sie spüren die warme Energie in Brust und Rücken.
Sie spüren die Energie warm in Ihren Armen.
Sie spüren die orangefarbene Energie warm in Ihrem Bauch.
Sie atmen befreit und tief in Ihren Bauch.

ES atmet.

Sie spüren die warme orangefarbene Energie über Ihr Gesäß in die Oberschenkel fließen.
Sie spüren die warme Energie in Ihren Unterschenkeln und in Ihren Füßen.

Orangefarbene warme Energie fließt durch Ihren Körper und macht Sie stark. Sie sind eingetaucht in ein warmes, orangefarbenes Licht.
Sie atmen tief und befreit in Ihren Bauch.

ES atmet.

Sie sind stark und selbstbewusst.
Niemand kann Sie verletzen.
Alles, was Sie wirklich wollen, erreichen Sie auch, jedes Problem, das Sie lösen, macht Sie stärker.
Niemand kann Sie aufhalten.
Ihr Selbstvertrauen gibt Ihnen unendlich viel Kraft.

Wirkung

Die Körperhaltung dieser Übung kommt aus dem Yoga. Sie regt besonders stark den Stoffwechsel und die Schilddrüse an, sie symbolisiert Kraft und Stärke.
Orangefarbenes Licht wirkt aktivierend. Die Suggestionen, die hier gesprochen werden, stärken Ihr Selbstbewusstsein.
Tipp: Wenn Sie die Übung zu sehr anstrengt oder wenn Sie durch die angespannte Haltung emotional blockiert sind, machen Sie die Übung im Sitzen: auf zwei oder drei dicken Sofakissen, im Schneidersitz, die Hände locker auf den Knien.

5. Harmony: Sommerwiese

Legen Sie sich nun seitwärts auf den rechten Bauch.
Kopf zur linken Seite.
Das linke Bein und der linke Arm sind angewinkelt.
Das rechte Bein ist gestreckt.
Der rechte Arm ist ebenfalls rückwärts am Körper entlang gestreckt.

Und nun schließen Sie die Augen und stellen sich vor,
Sie liegen auf einer Sommerwiese.
Tiefblauer Himmel über Ihnen.

Sie sind ganz entspannt und atmen durch die Nase ruhig in Ihren Bauch.

Und nun sprechen Sie mir nach:

Ich bin stark und selbstbewusst.

Niemand kann mich verletzen.

Alles, was ich wirklich will, erreiche ich auch.

Und machen Sie allein weiter.
Sprechen Sie fünfmal laut Ihre Affirmationen, die für Sie wichtig sind.

Wirkung

Die Übung verhilft Ihnen zu einer tiefen Entspannung. Affirmationen, die in der Entspannung gesprochen werden, erreichen intensiver das Unterbewusstsein. Die Musik auf der CD intensiviert wiederum die Wirkung, weil sie ein Loslassen bewirkt und die Aussagen emotional verstärkt.

Die Kraft der Worte – Emotionale Affirmationen

Wir sind das, was wir fühlen.

Ein wichtiges Element aus dem Trainingsprogramm ist die Arbeit mit Affirmationen. Der Begriff »affirmare« kommt aus dem Lateinischen und bedeutet »bejahen«. Affirmationen sind Glaubenssätze, die eine positive innere Haltung oder ein Ziel klar und einprägsam formulieren. Innere Denk- und Verhaltensmuster können zusätzlich mit ihrer Hilfe verändert werden.
Affirmationen werden in vielen Programmen aus dem positiven Denken verwendet. Dabei sind allerdings auch ganz bestimmte Regeln zu beachten. Das Unterbewusstsein glaubt nur das, was Sie auch glauben. Ich habe im Lauf der Jahre nur ganz vereinzelt Seminarteilnehmer angetroffen, die sich selbst liebten, obwohl manche von ihnen über eine lange Zeit hinweg versucht haben, mit positivem Denken und dem Glaubenssatz »Ich liebe mich so, wie ich bin« ihre Grundhaltung zu verändern. Der Grund für diesen Misserfolg: Wenn sie die Affirmation »Ich liebe mich so, wie ich bin« in ihr tägliches Übungsprogramm einbauten, widersprach eine innere Stimme dieser Aussage.
Wir sind das, was wir fühlen
Ihr Unterbewusstsein nimmt das, was Sie sagen, nur an, wenn Sie es auch fühlen. Wenn Sie also den Satz sagen: »Ich liebe mich so, wie ich bin«, dies aber selbst noch nicht glauben können und insgeheim immer denken: »Schön wär's« oder: »Doch nicht bei dem Übergewicht«, wird Ihr Unterbewusstsein diese neue Realität nicht programmieren.
Typisch für diese Erscheinung ist die Erfahrung einer Seminarteilnehmerin mit 30 Kilo Übergewicht: Irmgard S. hat versucht, mithilfe dieser Affirmation ihrem Leben eine posi-

tive Wendung zu geben. Doch jedes Mal, wenn Sie morgens verquollen und ungeschminkt am Spiegel vorbeiging und ihren ungeliebten Körper sah, streckte sie sich die Zunge heraus und dachte: So hässlich, wie ich bin, kann man mich auch nicht lieben. Wenn sie die Affirmation »Ich liebe mich so, wie ich bin« sprach, kam ihr die Aussage verlogen und lächerlich vor. Wir sind nicht das, was wir denken, sondern das, was wir fühlen. Sie erlebte bei dieser Aussage keine Glücksgefühle, sondern einen Widerspruch. Stresshormone wurden ausgeschüttet, die ihren Glaubenssatz: »Ich bin hässlich und werde nicht geliebt« noch verstärkten. In diesem Fall ist es wichtig, eine andere Formulierung zu suchen, die jeder für sich annehmen kann, an die er glaubt. Fast jeder konnte die Formulierung, »Von heute an lerne ich, mich anzunehmen« oder: »Ich bin auf dem Weg, mich anzunehmen« positiv fühlen und damit seinem Unterbewusstsein die richtige Information geben.

Die Formel lautet: Nicht (nur) positiv denken, sondern positiv fühlen!

Glaubenssätze, an die man selbst noch nicht glaubt, werden durch eine derartige Abstufung der Formulierung angenommen. Schon in der Bibel steht: »Dir geschieht nach deinem Glauben.«
In meinen Seminaren habe ich, um diese Aussage zu bestätigen, einen sehr eindrucksvollen Test.

ÜBUNG **Kinesiologischer Muskeltest**

Sie können selbst testen, wie der Körper auf wahre und unwahre Gedanken reagiert:
Bitten Sie zum Beispiel einen Freund oder eine Freundin, den rechten Arm mit Kraft auszustrecken. Nun soll der Proband seinen Namen aussprechen, zum Beispiel »Ich heiße Barbara Müller«. Versuchen Sie jetzt, mit zwei Fingern am Handgelenk des Probanden den Arm herunterzudrücken. Sie werden sich damit im Normalfall schwer tun. Der Arm ist stark, weil er die Wahrheit spricht.
Nun sagen Sie dem Probanden, er solle Ihren Namen sagen, also »Ich heiße ...«. Jetzt drücken Sie wieder mit zwei Fingern den Arm nach unten, während der Proband diese Unwahrheit ausspricht. Sie werden sehen: Es ist deutlich weniger Kraft im Arm. Er geht leicht nach unten. Alle Kraft geht unmittelbar aus dem Körper, wenn wir etwas sagen oder denken, an das wir nicht glauben.
So ist es auch mit der Affirmation: »Ich liebe mich so, wie ich bin.«
Wenn Sie das nicht glauben, kann sie nicht funktionieren.

Wenn Sie selbst das Gefühl haben, dass Sie noch weit davon entfernt sind, sich selbst zu lieben, dann fangen auch Sie mit der ersten Stufe der Affirmation an (»Von heute an lerne ich, mich anzunehmen«). Wenn Sie nach ein, zwei Wochen schon das Gefühl haben, dass Ihr Selbstbewusstsein sich gestärkt hat, dann versuchen Sie die zweite Stufe: »Ich nehme mich an, so wie ich bin.« Wenn Sie diese Aussage positiv

fühlen, sind Sie schon einen großen Schritt weiter. Ziel ist es, mit dieser Abstufung allmählich zu lernen, sich selbst wirklich zu lieben. Wenn Sie am Ziel sind, können Sie den Glaubenssatz »Ich liebe mich so, wie ich bin« mit positiven Gefühlen erleben.

Durch die Abstufung ist es für Sie von Anfang an glaubhaft und verändert darum sofort etwas im Unterbewusstsein. Dabei setzen Sie sich nicht durch eine zu hohe Erwartungshaltung unter Druck.

Und hier noch zusätzliche wichtige Regeln für die Formulierung Ihrer persönlichen Affirmationen:

- Formulieren Sie die Affirmation nur in der Gegenwart. Denn Formulierungen in der Zukunft versteht das Unterbewusstsein auch dementsprechend – als etwas, das in ferner Zukunft passieren soll, aber nicht jetzt und heute.
  Falsch: Ich werde Erfolg haben.
  Richtig: Ich bin auf dem Weg zum Erfolg. Oder: Ich bin erfolgreich in allem, was ich tue.
- Verwenden Sie keine Verneinungen. Denn das Unterbewusstsein ist nicht in der Lage, eine Verneinung einzuordnen. Wenn ich zum Beispiel sage: »Denken Sie jetzt nicht an einen rosa Elefanten«, so werden Sie sofort einen rosa Elefanten vor Ihrem inneren Auge sehen ...
  Falsch: Ich habe keine Angst.
  Richtig: Ich bin stark und selbstbewusst.
  Falsch: Ich bin nicht mehr traurig.
  Richtig: (zum Beispiel) Das Glück liegt nur in mir.
  Oder: Ich lasse alle negativen Gedanken los.
- Verwenden Sie keine pauschalen, ungenauen Formulierungen.
  Falsch: Es geht mir gut. Oder: Ich bin zufrieden.
  Richtig: (zum Beispiel) Ich bin glücklich, weil ich geliebt werde (Mann, Frau, Vater, Mutter etc. ...).

- Verwenden Sie nur Sätze, die ein angenehmes Gefühl auslösen, das heißt: Sätze, die Ihre Seele berühren.
- Sprechen Sie jede Affirmation fünfmal laut. Beten Sie die Affirmation nicht herunter wie einen Rosenkranz. Auch hier ist die emotionale Beteiligung wichtig. Fühlen Sie sich in Ihren Affirmationen.
- Am effektivsten sind die Affirmationen, wenn sie in entspanntem Zustand gesprochen werden. Darum empfehle ich, die Affirmationen bei der letzten Entspannungsübung der »5 Harmonys« einzubinden. Sie können allerdings auch beim Autofahren, beim Kochen oder bei einem Waldspaziergang Affirmationen anwenden.

Positive Zauberformeln, die Ihr Leben verändern können

Hier einige Vorschläge für positive Glaubenssätze (Affirmationen):

- Meine Gefühle aktivieren meinen Stoffwechsel.
- Ich bin glücklich, meinen Weg gefunden zu haben, um für immer schlank zu sein.
- Ich darf alles essen und nehme trotzdem ab.
- Wenn ich schlank bin, bin ich stärker.
- Ich vertraue meinem Körper und esse, wenn ich Hunger habe, und höre auf, wenn ich satt bin.
- Die Erfolge meines Trainingsprogramms machen mich glücklich.
- In mir ist Ruhe und Harmonie.
- Alle Blockaden sind gelöst, meine Energie fließt frei.
- Ich bin stark und selbstbewusst.
- Ich nehme mich an, so wie ich bin.
- Ich mag die Menschen um mich herum, mit all ihren Fehlern.
- Ich werde geliebt, so wie ich bin.
- Ich fühle mich geborgen.
- Mein Körper ist voller Energie.
- Energie fließt durch meinen Körper und reinigt jede Körperzelle von Giften und Schlacken.
- Mein Körper ist gesund.
- Ich fühle mich leicht und beschwingt.
- Alle Kraft ist in mir.
- Jedes Problem, das ich löse, macht mich stärker.
- Von heute an gestalte ich mein Leben positiv.
- Niemand kann mich verletzen.
- Ich nehme mein Leben an, es ist mein Weg.
- Ich muss nur mir selbst gefallen.

- Energie fließt durch meinen Körper und durchflutet jede Körperzelle.
- Ich vertraue meiner Intuition.
- Ich glaube an mich und meine Begabungen.
- Meine Offenheit und Lebendigkeit machen mich schön.
- Ich lasse alle negativen Gedanken los.
- Ich bin stark und bestimme mich selbst.
- Ich vertraue mir und meinem Leben.
- Ich fühle mich glücklich, wenn ich mein emotionales Trainingsprogramm mache.
- In mir ist unendlich viel Liebe.
- Ich spüre Liebe zu den Menschen.
- Ich spüre Liebe zu jedem Lebewesen.
- Ich spüre Liebe zur Natur.
- Liebe ist überall um mich herum.
- Das Glück liegt nur in mir, nur ich allein kann mein Leben ändern.
- Ich spüre unendlich viel Kraft in mir.
- Ich lasse die Vergangenheit in Liebe los.
- Ich liebe das Leben.

Sie haben bei den hier aufgeführten Affirmationen sicher einige gefunden, die für Ihr Leben wichtig sind. Nach dem gleichen Muster können Sie aber auch Ihre ganz persönlichen Affirmationen erarbeiten. Analysieren Sie für sich: Was sind meine Wünsche? Was sind meine Ziele? Was stresst mich? Wovor habe ich Angst? Versuchen Sie Ihre persönlichen Wünsche und Ziele in Affirmationen zu formulieren.

Positive Wahrnehmung

Kinder faszinieren uns immer wieder mit ihrer Gefühlsintensität: Tränenausbrüche von einer Sekunde auf die andere, die Trauer, Verzweiflung, Angst oder Wut ausdrücken, oder Kinderlachen, das tief empfundene Freude wiedergibt. Strahlende Kinderaugen, in denen sich unendliches Glück widerspiegelt, berühren unsere Herzen.

Das wahre Glück liegt nur in Ihnen!

Wir Erwachsenen haben meist verlernt, intensiv zu erleben. Durch die vielen Verletzungen im Laufe des Lebens aufgrund von Schicksalsschlägen und Erziehung errichten wir Schutzmauern um uns herum, die unsere kranke Seele vor weiteren Verletzungen bewahren sollen. Wir spielen eine Rolle, um unsere Seele zu verbergen. Doch diese Schutz-

mauer blockt nicht nur vermeintliche Angriffe ab, sondern lässt auch positive, intensive Gefühle nicht mehr zu. Wir leben wie in Watte gepackt, nichts kommt mehr richtig an uns heran. Unzufrieden, auf der Suche nach dem großen Glück, versuchen wir alles Mögliche in der Hoffnung, dieses Gefühl der inneren Leere zu betäuben: Partys, exzessiver Sex, Club-Urlaub, Konsumrausch, Drogen und Genussmittel, alles ist uns recht.

Auch die Sucht nach Süßigkeiten, Entenbraten oder sonstigen kulinarischen Genüssen ist letztlich nichts als eine Suche nach dem großen Glück. Dabei vergessen wir, dass das wahre Glück nur in uns selbst ruht.

Auch wenn Sie jetzt denken: »Na, die hat gut reden, die weiß ja gar nicht, was ich schon alles mitgemacht habe. Vater Pflegefall, Mutter vor einem Jahr gestorben, Mann geht fremd, und ich habe zwanzig Kilo Übergewicht. Wo soll da das große Glück in mir noch Platz haben?«

Aber gerade bei Menschen mit extremer Schicksalsbelastung bewährt sich diese einfache Weisheit. Sie erfordert allerdings ein Umdenken und andere Wertigkeiten im Leben. Es ist möglich, Sie müssen nur anfangen, an sich zu arbeiten.

Wenn Ihr nicht werdet wie die Kinder ...

Versuchen Sie als Erstes, wieder Kind zu sein. Wenn Sie beispielsweise bei nassem Wetter durch den Wald spazieren gehen, versuchen Sie, sich zurückzuerinnern, wie Sie früher den Geruch des feuchten, modrigen Waldes wahrgenommen haben. Sie werden schnell merken, wie intensiv Sie auf einmal das modrige Laub und das Moos riechen, der Geruch nach Pilzen und die feuchte Luft Sie glücklich machen.

Oder Sie legen sich im Sommer in eine hohe Wiese und schließen die Augen.

- Sie riechen das Gras, die Blumen.
- Sie hören Grillen, Bienen und Vögel.
- Sie nehmen alles intensiv wahr.
- Sie spüren absolutes Gottvertrauen.
- Sie spüren die Sonne warm auf Ihrer Haut.
- Sie sind glücklich.

Diese Art der Wahrnehmung lässt sich in alle Lebensbereiche übertragen.

Diese Glücksmomente sind Gottesgeschenke. Sie müssen sie nur annehmen.

Glücksmomente sind Gottesgeschenke

Wenn Sie zum Beispiel mit Ihrem Auto über einen Hügel fahren und die letzte Abendsonne durch eine Wolkenlücke die Herbstwälder und Wiesen im Tal in ein buntes Licht taucht, dann atmen Sie tief ein und nehmen dieses beglückende Naturschauspiel bewusst in sich auf.
Diese Glücksmomente sind Gottesgeschenke. Sie müssen sie nur annehmen.
Es gibt viele Menschen, die auch bei einem strahlenden Sonnenwetter unglücklich und traurig sind. Oder gerade bei schönem Wetter, weil sie sich dann noch isolierter fühlen. Eine Seminarteilnehmerin, Edith P., erzählte mir, dass sie genau mit diesem Gefühl eine Industrieausstellung und dort ein Blindencafé besuchte: Ein stockfinsterer Raum, kein Lichtstrahl gelangte durch die geschlossenen Fenster und Türen. In diesem Café bedienten blinde Menschen, die sich daran gewöhnen mussten, sich in tiefer Dunkelheit zurechtzufinden. Edith hatte Mühe, zu einem Tisch zu kommen, sie stieß überall an. Nachdem sie endlich einen freien Stuhl gefunden hatte, tastete sie aus Gewohnheit nach einer Ge-

tränkekarte. Aber natürlich gab es keine. Sie musste warten, bis eine Bedienung ihr sagte, was im Angebot war. Anna bestellte ein Glas Orangensaft. Als man es ihr brachte, hörte sie nur das Klacken des Glases auf dem Tisch, tastete sich vorsichtig an das Glas heran – nur nichts umwerfen! Mühsam fingerte sie Kleingeld aus der Tasche. Aber woher weiß man, welchen Wert die Münzen haben, wenn man sie nicht sieht? Edith verbrachte eine halbe Stunde in diesem Blinden-Café. Als sie wieder auf die Straße trat und gegen die strahlende Sonne blinzelte, da – sagte sie – »hätte ich schreien können vor Glück!« Edith hat dieses Erlebnis bis heute nicht

vergessen. Jeder Sonnenstrahl erinnert sie seitdem daran, wie beglückend es ist, sehen zu können.
Sie haben vielleicht bei Sonnenschein kein Problem, aber dafür umso mehr, wenn es nasskalt ist draußen und seit drei Wochen nur geregnet hat. Trübsinnig könnte man da werden! Stimmt's? Dann stellen Sie sich doch einmal vor, wie es ist, kein Dach über dem Kopf zu haben – ein Schicksal, das viele obdachlose Menschen hierzulande trifft –, wie es ist, schon in aller Herrgottsfrühe aus dem Nachtasyl wieder auf die Straße gejagt zu werden, egal, ob es 20 Minusgrade hat oder in Strömen regnet. Können Sie nachempfinden, wie man sich in dieser Lage fühlen muss? Wenn Sie jetzt wieder zurück in Ihre Wohnung gehen, die hoffentlich warm und gemütlich ist, wird Sie gewiss ein Gefühl großer Dankbarkeit überkommen. Mit tief empfundener Freude werden Sie die Behaglichkeit genießen, vielleicht in Verbindung mit einer Tasse Tee, die Sie wärmend in Ihren Händen halten.

Setzen Sie in Ihrem Leben viele kleine Glücksmomente!

Es kommt auf Ihre Sicht der Dinge an, darauf, wie Sie bewerten, was geschieht. Sie können lernen, sich immer öfter und immer intensiver glücklich zu fühlen – unabhängig von der Situation. Denn die ist für Ihr Wohlbefinden gar nicht so entscheidend, wie Sie vielleicht bislang geglaubt haben. Entscheidend ist, wie Sie die Dinge, die Situation sehen. Es kommt auf Ihre Bewertung an!
Unzufriedenheit entsteht, wenn Sie sich mit anderen vergleichen, denen es vermeintlich besser geht als Ihnen. Fühlen Sie nach unten! Das macht Sie zufriedener.
Das hat nichts mit Überheblichkeit zu tun, im Gegenteil: Sie haben mehr Mitgefühl mit dem Leid anderer Menschen und gehen verständnisvoller mit anderen Menschen um.
Das vermeintlich Selbstverständliche positiv wahrnehmen und dadurch Glücksgefühle erleben – das lässt sich trainieren.

Selbst wenn Sie über den Markplatz hetzen mit Einkaufskorb oder Plastiktüten, können Sie sich die Zeit nehmen, die Farbenpracht der Obst-, Gemüse- oder Blumenstände aufzusaugen und dies als Glücksmoment zu speichern.

Und wenn Sie morgens unter der Dusche stehen und das heiße Wasser Sie zum Leben erweckt, dann versuchen Sie, sich kurz vorzustellen, Sie hätten gerade eine Woche lang ein Überlebenstraining hinter sich: d. h. eine Woche durch Schlamm, Dreck und Wasser gewatet, gefroren und weit entfernt von jeglicher Zivilisation gelebt. Und nun stehen Sie nach einer Woche Strapazen das erste Mal wieder unter einer heißen Dusche:

- Spüren Sie dieses schaurig wohlige Gefühl?
- Spüren Sie, wie sich Ihr Körper entspannt?

- Spüren Sie die Dankbarkeit?

Die positive Wahrnehmung macht uns glücklich.
Oder Sie liegen abends im Bett, kuscheln sich behaglich in Ihre warme Bettdecke. Draußen stürmt und regnet es. Mithilfe Ihrer Phantasie lassen Sie sich wie mit einer Zeitmaschine in die Steinzeit zurückkatapultieren: in eine dunkle, feuchte Höhle mit ein paar Bärenfellen auf dem Boden. Und dann schnell wieder zurück in die kuschelige Gegenwart. Spüren Sie, wie intensiv und dankbar Sie das Gefühl der Wärme und Geborgenheit wahrnehmen?

- Lernen Sie, wieder zu träumen.
- Lassen Sie Ihrer Phantasie freien Lauf.
- Inszenieren Sie Ihre eigenen Bilder.
- Versuchen Sie, Emotionen stark zu erleben.
- Lassen Sie tiefe Gefühle wieder zu.

Die positive Wahrnehmung macht uns glücklich.

Glückshormone sind die besten Medikamente

Ein wunderbares Hilfsmittel, um die eigene Phantasie anzukurbeln, ist die Musik. Legen Sie verschiedene Musikstücke auf. Egal, ob Klassik, Pop oder Rock. Schließen Sie die Augen, und seien Sie Ihr eigener Regisseur. Inszenieren Sie Ihren eigenen Film. Die Musik erweist sich als hervorragendes Transportmittel für Bilder und Emotionen.
Auf Dauer können nur Sie selbst sich glücklich machen. Machen Sie das Glück nicht immer abhängig von anderen Menschen.
Hören Sie auf, das Glück durch Zerstreuung oder Genussmittel ersetzen zu wollen. Die innere Leere wird sonst immer größer.
Intensive, positive Wahrnehmungen sollten Sie den ganzen Tag begleiten. Von der Morgendusche bis zum Einschlafen.

Schutzmauer ade

Im Laufe der Jahre habe ich in meinen Seminaren immer wieder festgestellt, dass viele Frauen – und zwar nur Frauen und keine Männer – ein Schutzmauer-Syndrom haben. Meist sind einschneidende Erlebnisse aus der Kindheit oder auch aus späteren Jahren der Grund hierfür. Ein typisches Beispiel dafür ist Margit S., die mir zu diesem Thema schrieb: »Ich glaube, angefangen hat es, als man mich spüren ließ, dass ich sexy sei. Das war für mich zur damaligen Zeit ein Stigma des Weibchens, des Dummchens, des Objektes, das ich nie war und auch nie sein wollte. Auf Busen und Po reduziert zu werden, hat meine pubertäre Würde als Mensch verletzt. Also fing der Schutzwall an zu wachsen. Ich wurde dicker und dicker. Und heute, wo er ja nicht mehr nötig wäre, ist er mauerähnlich für mein partnerloses Leben. Die Männer, die mir zusagen würden, fürchten sich vor der ›starken Frau‹. Und mit einem schwachen Mann war ich verheiratet und bin bedient. Das mentale Schlankheitstraining hat es mir ermöglicht festzustellen, dass mein Schutzwall nicht mehr nötig ist. Meine Fett-Schutzschicht schmilzt langsam, aber stetig.«

Aber auch später kann sich ein Schutzprogramm aus Angst vor Sexualität manifestieren, wie dieses Beispiel zeigt. Eva M.: »Ich hatte bis zu meinem 45. Lebensjahr nie Probleme mit meinem Gewicht. Bis zu meiner Scheidung. Im Jahr der Trennung verletzte mich mein Mann mit einer Bemerkung über unser Sexualleben dermaßen, dass mein Selbstbewusstsein auf den Nullpunkt absackte. Ich fühlte mich alt, hässlich und als Frau nicht mehr attraktiv. Von diesem Zeitpunkt an nahm ich rapide zu, bis ich 20 Kilo mehr hatte und es trotz Diäten nicht schaffte, abzunehmen. Erst durch das emotionale Schlankheitstraining lernte ich wieder ein nor-

males Essverhalten und reduzierte langsam wieder mein Gewicht.«

Auch aus Angst vor Nähe oder aus Angst vor Verletzungen kann sich so ein Schutzpanzer bilden, wie die beiden folgenden Geschichten zeigen:

Marion M. beschreibt, weshalb sie eine Schutzmauer braucht: »Weil ich Angst vor meinen eigenen Gefühlen habe. Weil sie mich hindert, in Kontakt mit Leuten zu treten. Um nicht enttäuscht zu werden. Als Ausrede, um mich zu isolieren und zu leiden, weil ich mich als Außenseiter fühle.«

Heidi C. schreibt: »Ich fühle mich mitunter sehr schutzlos, hilflos. Hinter meiner Schutzmauer, meinem Panzer, kann ich mich verstecken, bin nicht so leicht angreif- und einnehmbar, kann Verletzungen abwehren. Ich glaube, meine Schutzmauer ist der Ersatz für eine ›dicke Haut‹.«

Veronika H. erlebte ihre Kindheit als Alptraum, der ihr ganzes Leben beeinflusste. Sie hatte eine starke Mutter, die eigentlich nur den älteren Bruder liebte. Dazu kam auch noch, dass dieser Bruder auf eine ganz besondere Weise gefördert und ihr gegenüber bevorzugt wurde. Der brauchte nur eine Melodie zu pfeifen, und schon stand ein Klavier in seinem Zimmer und war ein Klavierlehrer engagiert. Der Junge wollte jedoch gar kein Klavier! Veronika H. hingegen wünschte sich so sehr, Klavierspielen zu lernen, doch ihre Bitten wurden mit abfälligen Bemerkungen abgetan wie: »Das ist doch dummes Zeug, du lernst es ja sowieso nie!« Dergleichen wiederholte sich ständig. Er durfte – sie war nicht gut genug dafür. Dieser geliebte Bruder starb im Alter von 23 Jahren. Und noch nach seinem Tod erklärte die Mutter selbst gegenüber Fremden, dass nur ihr Sohn wichtig für sie gewesen sei. Die Tochter sei ohne Bedeutung.

Veronika H. hatte große Gewichtsprobleme. Sie sehnte sich

danach, geliebt zu werden, sehnte sich danach, schlank zu sein. Doch immer wieder hatte sie gegen die Schutzmauer zu kämpfen, die sie sich gegen die Verletzungen zugelegt hatte.
Heute arbeitet sie jeden Tag mit Affirmationen wie: »Ich war immer liebenswert, und ich bin liebenswert.« Dabei visualisiert sie sich selbst als Kind und nimmt gedanklich dieses Kind zärtlich in den Arm.
Dies hat es ihr ermöglicht, auch ihre Mutter zu verstehen. Diese hatte ebenfalls keine Liebe bekommen, weder von ihren Eltern noch von ihrem Ehemann. Da Veronikas Vater aber seine Tochter liebte, war sie eifersüchtig auf das eigene Kind und strafte es dafür. Veronika H. hat inzwischen keine Probleme mehr mit der Bewältigung ihrer Kindheit. Sie hat ihrer Mutter nach deren Tod verziehen. Ihre Schutzmauer existiert nicht mehr.

ÜBUNG **Schutzmauer ade**

1. **Frage:** Überlegen Sie selbst: Worauf freuen Sie sich, wenn Sie schlank sind? Schreiben Sie alles auf, was Ihnen einfällt.
2. **Frage:** Sehen Sie auch negative Aspekte, wenn Sie sich vorstellen, schlank zu sein? Schreiben Sie alles auf, was Ihnen hierzu einfällt, z. B. Angst vor Sexualität, Angst vor menschlichen Kontakten, Neid anderer übergewichtiger Freundinnen, die Befürchtung, wenn Sie schlank wären, würden Sie nicht bei Ihrem Partner, bei Ihrer Familie bleiben. Das Gefühl, sexuell beachtet oder mit einer schlanken Figur als besonders sexy oder gar als Flittchen zu gelten. Oder fürchten Sie, dass man Ihren Aussagen weniger Gewicht beimessen wird, dass Sie weniger ernst genommen werden, wenn Ihre körperliche Attraktivität zunimmt?

Wenn hier einer oder mehrere Punkte auf Sie zutreffen, können Sie davon ausgehen, dass bei Ihnen das Übergewicht auch eine Art Schutzmauer-Funktion hat.

Sie wissen, dass Sie Ihr Unterbewusstsein nicht über den Verstand erreichen, also müssen Sie auch hier einen emotionalen Zugang finden, um sich eine neue Realität zu schaffen. Sie wissen nun, dass Ihr Unterbewusstsein immer Ihr Freund ist und immer bemüht ist, Sie am Leben zu erhalten und alles Leid von Ihnen fern zu halten. Sprechen Sie liebevoll mit Ihrem Unterbewusstsein. Streichen Sie dabei vielleicht zärtlich über Ihre Hüften und sagen Sie schmunzelnd: Ich weiß, dass du es gut mit mir gemeint hast, aber ich bin jetzt stark und selbstbewusst und brauche diesen Schutz nicht mehr. Wenn ich schlank bin, kann ich mich noch viel besser wehren gegen Angriffe.
Machen Sie sich auch klar: Wenn Sie schlank sind, haben Sie viel mehr Selbstbewusstsein und können Sexualität, die Sie nicht wollen, viel leichter ablehnen. Aber Sie können umgekehrt Ja zur Sexualität sagen, wenn Sie den Wunsch verspüren. Und genau das haben Sie sich ja durch Ihren Schutzpanzer verwehrt.
Eine zusätzliche Übung, um das Gefühl der Befreiung zu erleben, wenn die Schutzmauer fällt, ist folgendes Bild:

ÜBUNG

Die Befreiung

Ein Kind sitzt allein auf dem Boden. Die Mutter des Kindes steht abgewendet – sie beachtet ihr Kind überhaupt nicht.

Das Kind ist traurig. Plötzlich kommt Bewegung in die Mutter. Sie dreht sich um und geht bedrohlich auf das kleine Kind zu. Die Augen der Mutter sind kalt, aggressiv und wütend.

Das Kind hat Angst. Seine Angst und Panik sind spürbar. Das Kind verschlingt in unglaublicher Geschwindigkeit Unmengen von Süßigkeiten.

Während es in wilder Verzweiflung Kuchen, Brot und Schokolade in sich hineinstopft, bewirkt dieses »Schutz-Essen«, dass aus dem Essen eine Mauer aus Eis zu wachsen beginnt. Diese Mauer ist glatt, durchsichtig und unerbittlich klar.

Die Mauer wächst langsam, aber stetig. Sie umrundet das Kind, bis dieses hermetisch eingeschlossen ist. Das Kind kann zwar alles sehen, aber es kann nichts hören und auch nichts erfühlen oder berühren.

Das Kind wird im Zeitraffertempo älter. Die Mauer aus Eis hält den nunmehr erwachsenen Menschen noch immer gnadenlos umklammert und gefangen. Er sieht seine Familie, seine Freunde, Männer und Frauen – doch das Leben spielt sich außerhalb der Mauer aus Eis ab.

Alle wenden sich dem Gefangenen zu. Doch die Mauer aus Eis verhindert jeden Kontakt, jede Berührung und jede Bindung. Resigniert und wie in Zeitlupe wenden sich alle von dem Eingeschlossenen ab.

Der Gefangene ist traurig. Er spürt selbst, wie isoliert er ist. Er möchte Kontakt. Er versucht mit seinen Fäusten, die Mauer aus Eis zu zertrümmern. Doch die Mauer aus Eis ist stärker.

Ebenso einsam und gefangen in ihrer Unfähigkeit, Liebe zu geben, stehen nur noch seine Eltern vor dem Eiskäfig. Sie schauen aus traurigen Augen auf ihr gefangenes Kind.

Plötzlich – ein gleißend helles Licht. Wie ein Blinder, der unmittelbar sehend wird, sieht der Eingeschlossene seine Eltern. Er erkennt schlagartig, wer sie wirklich sind. Er begreift, dass auch sie Opfer sind, Menschen mit Schwächen und Fehlern. Dem Gefangenen wird klar, dass die Schuld für die Qualen seiner Jugend nicht bei ihm liegt, nicht in ihm zu suchen ist.

Durch das Licht der Erkenntnis begreift er: Seine Eltern waren aus ihren eigenen menschlichen Schwächen, aus ihrem eigenen Versagen heraus gar nicht in der Lage, ihm die so dringend benötigte Liebe zu geben.
Er erkennt: Ich selbst war immer liebenswert, zu jeder Zeit. Ich bin liebenswert.
Er sieht seine Eltern an und vergibt ihnen – und damit auch sich selbst.
Langsam beginnt die Mauer aus Eis zu schmelzen.
Das erste Mal in seinem Leben greift der Gefangene über die Mauer, vorsichtig und zögerlich. Zum ersten Mal berührt er die Hände seiner Mutter und die seines Vaters wirklich. In einer ersten Umarmung empfindet er das große Glück, ein Mensch zu sein, Menschen umarmen zu können. Er spürt, wie ein breiter Strom von Zärtlichkeit und tiefer Dankbarkeit durch seinen Körper fließt.
Er spürt Liebe.
Die Mauer aus Eis hat sich in einen fließenden Strom des Lebens verwandelt.
Der Eingeschlossene hat sein Gefängnis verlassen.
Er hält seine Eltern im Arm.
Er spürt die intensive Wärme der Liebe.
Er spürt Erlösung durch das Verzeihen.
Diese Erkenntnis macht ihn stark und frei.
Er spürt die Liebe zu den Menschen mit all ihren Fehlern.
Er spürt: Ich werde geliebt.
Er spürt Dankbarkeit.
Er ist glücklich.
Er fühlt, er ist frei. Das erste Mal – wirklich frei.
Er sieht die unendliche Farbenpracht der Natur.
Er spürt das Gras der Wiesen.
Er riecht die Luft, den Wind, den Sturm.
Er fühlt den Regen.
Er hört den Gesang der Vögel.
Jede Bewegung des Körpers, jede Berührung, jede Zärtlichkeit ist jetzt intensiv und groß.
Er sieht jetzt mit seinem Herzen.
Endlich spürt er das Leben.

Sie werden sehen, dass es auch Ihnen gelingt, Ihren ganz persönlichen Schutzwall abzutragen. Haben Sie die Ursachen erst einmal erkannt, verliert er seine Daseinsberechtigung, und Sie entwickeln ein ganz neues, positives Körpergefühl. Absolute Ehrlichkeit sich selbst gegenüber ist die Grundvoraussetzung für den Erfolg des emotionalen Schlankheitstrainings.

Happy End – heute fängt ein neues Leben an

Ich bin mir sicher, dass auch Sie durch das emotionale Training Ihr Wunschgewicht erreichen. Es funktioniert, ohne Diät und auf Dauer! Hier einige Aussagen von Teilnehmern einer medizinischen Fernsehdokumentation:

Martin B.: »Als besonders positiv empfinde ich, dass ich wesentlich ruhiger geworden bin. Meine Einstellung zum Leben und der Umwelt ist viel bewusster geworden. Essen ist für mich kein Thema mehr.«

Anita S.: »Ich habe mich schon beim Einstieg wunderbar gefühlt. Der erlösende Satz war für mich: ›Nie mehr Diät.‹ Innerhalb der ersten zwei Wochen habe ich ca. vier Kilo abgenommen. War unendlich gut drauf. Hatte das Essen völlig aus dem Kopf, und das war eine unheimliche Erleichterung. Ich trinke inzwischen das Doppelte an Mineralwasser – zwei bis drei Flaschen mit Genuss und Bedürfnis. Ich nehme Essenseinladungen mit Freude an. Beim Essen habe ich überhaupt kein schlechtes Gewissen mehr. Ich habe viel mehr Lebensfreude und mehr Selbstbewusstsein ... Nach dreieinhalb Monaten hatte ich sechs Kilo abgenommen. Ich glaube fest an das emotionale Schlankheitstraining. Nur so geht es!«

Monika M.: »Es ist ein richtiges Glücksgefühl, die Pfunde bzw. Kilos loslassen zu können, wieder normal leben zu können, mit Freude zu kochen und zu essen, ohne schlechtes Gewissen. Ich weiß, dass dieses positive Gefühl einfach ausstrahlt. Das mentale Schlankheitstraining ist die einzige Möglichkeit, Essverhalten auf Dauer zu ändern. Durch das Training ist mir vieles bewusst geworden, das ich vorher verdrängt hatte. Es hilft sicherlich nicht nur mir, manches im

Leben ehrlicher zu sehen und sich diese Tatsachen auch einzugestehen. Wichtig ist vor allem die Erkenntnis, dass die Kraft, Dinge zu ändern, in mir selbst liegt und dass ich die Verantwortung für mein Lebensglück nicht auf andere abwälzen kann.«

Diese Erfolge werden Sie auch verspüren, wenn Sie mit dem »emotionalen Training« arbeiten. Das CD-Trainingsprogramm ermöglicht es Ihnen, täglich mit starken Emotionen zu arbeiten. Negative Bilder löschen Ihre Suchtprogramme. Das Essen ist aus dem Kopf. Ich nehme Sie täglich bei der Hand und führe Sie zusätzlich durch wunderschöne innere Bilder. Die Texte und die gefühlvolle Musik lassen Sie starke Emotionen erleben, und nur Ihre Emotionen verändern Ihre negativen Verhaltensmuster, regen den Stoffwechsel an, beseitigen psychosomatische Beschwerden und geben Ihnen Kraft und positive Energie für Ihren Alltag.

Die Philosophie des »emotionalen Schlankheitstrainings«: Nicht schlank sein macht glücklich, sondern glücklich sein macht schlank.

Heute fängt ein neues Leben an!

Das wünsche ich Ihnen von ganzem Herzen.

Ihre Dagmar Herzog

Das »emotionale Schlankheitstraining« auf einen Blick

Setzen Sie sich nicht unter Druck, indem Sie es als Verpflichtung ansehen, ein halbes Jahr täglich mit dem Programm zu arbeiten. Ich habe immer wieder von meinen Seminarteilnehmern gehört, dass sie das Programm gerne machen und eigentlich fast süchtig sind nach den Harmonys und Positiv-Szenen. Sie haben verschiedene Möglichkeiten, das Programm in Ihren Tagesablauf einzubauen, sollten es aber so fest einplanen wie das Zähneputzen. Wenn Sie morgens sehr früh aus dem Haus gehen und abends erst spät nach Hause kommen, sollten Sie morgens mit einer Negativ- und Positiv-Szene anfangen. Ich empfehle immer, die CD mit Kopfhörer zu hören, weil dabei die Gefühle intensiver sind. Machen Sie das Programm am besten nach dem Frühstück, wenn Sie richtig wach sind. Denn das Unterbewusstsein wehrt sich, in ein negatives Bild zu gehen, wenn es müde ist. Anschließend können Sie sich eine der ersten vier Harmonys gönnen, um den Kick für den Tag zu bekommen. Am Abend vor dem Schlafengehen können Sie wunderbar mit Ihren Affirmationen arbeiten. Sie können natürlich auch das gesamte Programm am Morgen machen. Sie stellen den Wecker eine halbe Stunde früher als sonst und fangen mit einer Negativ/Positiv-Szene an, machen anschließend eine Harmony und zum Schluss Ihre Affirmationen. Wiederholen Sie Ihre Übungen regelmäßig und lassen Sie Entschuldigungen wie Zeitmangel nicht gelten. Wenn Sie einen Nerv eingeklemmt und starke Schmerzen hätten, würden Sie auch Zeit finden, einen Therapeuten aufzusuchen. Denken Sie daran, welche seelischen Schmerzen mit Ihrem Übergewicht verbunden sind. Nehmen Sie sich selbst wich-

tig und nehmen Sie sich die Zeit, Ihr Programm zu machen. Wenn Sie unterwegs sind, nehmen Sie einen Discman mit, um Ihr Programm täglich absolvieren zu können. Wenn Sie ein Nachtmensch und abends hellwach sind, können Sie das Programm auch am Abend machen. Probieren Sie aus, welche Tageszeit für Sie besonders geeignet ist, und reservieren Sie sich diese Zeit für Ihr Programm.

Morgens	**Eine der ersten vier Harmonys und die 5. Harmony – dabei laut die Affirmationen sprechen**
Für zwischendurch, z.B. beim Autofahren	**Laut Affirmationen sprechen und positive Wahrnehmungsübungen, z.B. bewusst positiv die Natur wahrnehmen**
Abends	**Eine Negativ/Positiv Szene anhören**

Und noch eins gehört zum Programm: Nie mehr Diät machen!

Anhang

Nach jedem meiner Seminare wird der Erfolg des emotionalen Schlankheitstrainings zweimal anhand von Fragebögen kontrolliert. Nicht immer passt das, was mir meine ehemaligen Klientinnen und Klienten mitteilen wollen, auf ein solches Formblatt. Einige der ganz typischen Zuschriften möchte ich Ihnen auf den folgenden Seiten vorstellen.
Eine Dame, die ungenannt bleiben möchte, schrieb:

Liebe Frau Herzog,
hier nun der zweite und letzte Fragebogen. Ich hoffe, dass Sie meine Handschrift gut lesen können. Ich bin mit Ihrem Training so locker zwölf Kilogramm losgeworden wie noch nie. Und Diäterfahrung habe ich ja wirklich reichlich. Ich werde, um meine restlichen 32 Kilo abzuarbeiten, ein halbes Jahr weitermachen und mich dann »herausschleichen«. Die Krücke möchte ich schon noch gerne eine Weile behalten. Ich glaube, wenn ich bei meiner Größe von 157 cm und dann im Alter von ca. 53 bis 54 Jahren irgendwann 60 Kilogramm wiege, wird das das richtige Gewicht für mich sein.
Ich habe bei meiner Ernährung nichts unversucht gelassen. Ich habe Torte und Eis gegessen, hin und wieder eine Grillwurst und auch Fertiggerichte. Nach ganz kleinen Mengen musste ich jedes Mal feststellen, dass das eigentlich gar nicht so gut schmeckt, wie ich es in Erinnerung hatte. Durch die vorhergehenden Diäten hatte ich ja schon einige Umstellungen in der Ernährung vorgenommen, aß schon lange reichlich Obst und Gemüse und habe täglich mindestens 1 1/2 l stilles Wasser getrunken. Der Heißhunger auf Süßes war aber damit noch lange nicht erledigt und das übermäßige Essen auch nicht. Das ist nun glücklicherweise vorbei. Schokolade lässt mich kalt, aber zum Kaffee esse ich immer noch gerne meine zwei Kekse, und es ist für mich erfreulich, dass ich dennoch immer weiter abgenommen habe. Das stärkte natürlich zusätzlich mein Vertrauen in Ihre Methode.
Mein lieber Mann ist seit spätestens April ein wenig mit meiner Veränderung überfordert. Er freut sich natürlich, musste aber, wie er immer sagt, mich neu kennen lernen. Er ist früher häufig alleine weggegangen, weil ich keine Lust hatte, mich unter Leute zu begeben, aus Furcht davor, kränkende Bemerkungen hinnehmen zu müssen, und weil ich mich wegen meines Übergewichtes auch geschämt habe. Ich habe mich ja selber der allgemeinen Meinung angeschlossen, dass wer dick ist auch keine Selbstbeherrschung hat. Jetzt weiß ich das natürlich besser. Ich sage von mir aus, dass ich ausgehen möchte. Bekannte, die mich lange nicht gesehen haben, haben sich ehrlich gefreut, dass ich wieder aus der Versenkung aufgetaucht bin. Ich habe damals nicht einmal be-

merkt, dass sie mich überhaupt mochten. Wie kann man denn so »tot« sein? Manchmal empfinde ich es allerdings auch als nachteilig, wieder so alles an der Oberfläche zu spüren. Ich muss mich mit meinen Gefühlen mehr auseinander setzen als früher. Gelegentlich kann das sogar wehttun, weil ich die Dinge dann ansprechen will. Was eben auch bedeutet, dass ich mich vor Auseinandersetzungen nicht mehr drücke. Bisher hat das aber glücklicherweise immer zu einer für mich positiven Klärung der Situation geführt. Ich bin für mich und für andere nicht mehr bequem, aber ich lebe endlich.
Ich möchte mich bei Ihnen noch einmal herzlich bedanken, dass Sie mich aufgerüttelt haben. Ich hoffe, dass Sie weiterhin damit viel Erfolge haben, und wünsche Ihnen für die Zukunft alles Gute.
Mit herzlichen Grüßen

Christiane V. schreibt:

Liebe Frau Herzog,
jetzt ist es schon vier Wochen her, seit ich an Ihrem Seminar teilgenommen habe: Nun möchte ich Ihnen von den vielen Veränderungen berichten, die sich in den letzten Wochen eingestellt haben.
Wie ich Ihnen schon während des Seminars erzählte, leide ich seit Jahren an Essstörungen und Depressionen, die eng miteinander verknüpft sind. Um aus diesem Kreislauf auszubrechen, befinde ich mich seit einem halben Jahr in therapeutischer Behandlung und bin während dieser Zeit auch mit stimmungsaufhellenden Medikamenten behandelt worden. Zwar hat mir diese Therapie ermöglicht, mein Leben wieder selbst in die Hand zu nehmen, allerdings konnte der Teufelskreis zwischen Essattacken und Depressionen nur geringfügig verbessert werden.
Als ich mich entschlossen habe, an Ihrem Seminar teilzunehmen, wusste ich, dass die »Konfrontation« mit fremden Menschen für mich sehr kraftzehrend sein würde. Trotzdem hatte ich die große Hoffnung, dass Ihre Methode mir helfen könnte, das Essen nicht mehr als zentralen Punkt meines Lebens zu begreifen und so diesen Kreislauf, der mein Leben enorm beeinträchtigt hat, zu unterbrechen.
Schon während des Seminars hatte ich das starke Gefühl, dass ich mir mit Ihrer Methode selbst würde helfen können.
Deshalb habe ich das Bedürfnis, Ihnen von den Fortschritten der letzten Wochen zu schreiben.
Der größte Erfolg für mich ist die Tatsache, dass ich auf meine »Down-Phasen« nicht mehr mit ungebremsten Essattacken reagiere. Unterstützt durch die Harmonys, die ich täglich durchführe, konnte ich auch feststellen, dass die Abstände zwischen meinen Stimmungstiefs deutlich länger geworden sind.
Dauer und Intensität der depressiven Tiefs sind merklich zurückgegangen.

Ich weiß, dass ich noch ein ganzes Stück Weges vor mir habe, gleichzeitig weiß ich auch, dass das schwerste Stück hinter mir liegt und mein Leben endlich wieder mir gehört.
Daran haben Sie großen Anteil und dafür möchte ich Ihnen von ganzem Herzen danken.
Ich hoffe, Ihnen bald von weiteren Fortschritten erzählen zu können.
Herzlichst
Christina V.

Gabriele G. schreibt:

Sehr geehrte Frau Herzog,
ich habe 30 Jahre Diäterfahrung, Fastenwandern und Schrothkur gemacht. Da kann mir keiner mehr etwas vormachen. Das Ergebnis fiel leider immer wieder negativ aus. Nach jeder Diät wurde ich dicker und dicker.
Der Tag des Einstiegs ins »emotionale Schlankheitstraining« war für mich ein Schritt in ein neues Körperbewusstsein. Anfangsschwierigkeiten kenne ich keine, vom ersten Tag an fiel mir der Einstieg leicht.
Essen ist für mich kein Thema mehr, es ist total aus meinem Kopf.
Nach knapp drei Monaten habe ich sechs Kilo abgenommen. Ich glaube an das »emotionale Schlankheitstraining«. Es ist ein richtiges Glücksgefühl, die Pfunde loslassen zu können.
Ich habe viel mehr Selbstbewusstsein.
Jetzt ist mir auch klar, dass die Kraft, Dinge zu ändern, in mir selbst liegt.
Für mich ist das »emotionale Schlankheitstraining« der Schlüssel zum Erfolg.
Morgens beginne ich mit den »5 Harmonys«, tagsüber spreche ich meine Affirmationen, die für mich richtige Zauberformeln sind.
Früher war für mich Salat und Gemüse nicht wichtig, jetzt brauche ich jeden Tag eine große Schüssel Salat.
Mit freundlichen Grüßen
Gisela G.

Inge B. schreibt:

Liebe Frau Herzog,
nun wird es Zeit, Ihnen von meinen Erfolgserlebnissen nach dem Seminar zu berichten. Von einer Freundin empfohlen, trat ich äußerst skeptisch nach lebenslangen Schlankheitsodysseen mit Kleidergröße 46 bei Ihnen an.
Ich hatte schon lange kapituliert und konnte mich nicht mehr leiden. Mittler-

weile hatte ich mich mit Adressen für mollige Mode ausgerüstet. Wie grausam! Der Einkauf ist mehr Frust als Lust.
Nun, vielleicht haben Sie das alles meiner Miene entnommen?
Ihre natürliche Art, Ihre eigene Geschichte, vor allem Ihr Statement mit »Waage weg und Kalorientabelle weg« fegten meine Skepsis weg. Keine Kasteiungen, kein schlechtes Gewissen mehr – das fand ich faszinierend!
Die Negativ-Szenen wirkten bei mir so stark, dass mein Magen rebellierte. Bisher hatte ich alle Stresssituationen mit Süßigkeiten bewältigt. Diese Sucht war sofort gelöscht.
Nach meiner Rückkehr legte ich eine Tafel Schokolade mit der lila Kuh als Test auf meinen Küchentisch. Dort lag sie bis Weihnachten.
Toll fand ich auch, dass sie sporadisch angerufen haben!
Nun bin ich ein fast »schlankes Mädchen«. 15 kg weniger – ohne Stress. Ich mag mich wieder!
Schauen wir mal, wie viele Kilos noch purzeln ...
Das Programm wird mich für den Rest meines Lebens begleiten.
Frau Herzog, danke!
Mit schlanken Grüßen

Doris F. schreibt:

Sehr geehrte Frau Herzog,
seit ich Ihre Seminar besucht habe, bin ich ein großer Fan des »emotionalen Schlankheitstrainings«. Es bewirkt nicht nur, dass ich weniger Appetit habe und somit weniger esse, sondern auch, dass ich weniger schwitze und ruhiger geworden bin. Außerdem haben sich meine jahrelangen Verdauungsprobleme innerhalb einer Woche in Luft aufgelöst. Ich beginne andere Dinge wie Musik, Tageslicht, im Garten arbeiten, eine Tasse Tee! als positive Lebensumstände zu betrachten und habe dadurch mehr Glücksmomente und wieder Lebensfreude. Das »Nein« Sagen zum Essen ist ein herrliches Gefühl und das »Ja« Sagen, wenn ich es will, ebenfalls.
Ich möchte mich bei Ihnen ganz herzlich bedanken, dass Sie vor Jahren diesen Einfall hatten und andere Menschen daran teilhaben lassen.
Ich verbleibe mit bestem Dank und lieben Grüßen ...

Anne U. schreibt:

Liebe Frau Herzog,
ich mache das emotionale Schlankheitstraining seit drei Monaten. In dieser Zeit habe ich mit Begeisterung, ohne Zwang, ohne Diät acht kg abgenommen,

und überhaupt geht es mir dank Ihrer grandiosen »Erfindung« sehr gut. Es ist einfach toll!
Ich bin 35 Jahre alt, 1,76 m groß und wiege jetzt endlich, endlich wieder 67 kg. Ich war nicht wirklich fett, aber insgesamt kreuzunglücklich.
Dass es mir endlich wieder möglich ist, das Leben von der positiven Seite zu betrachten, verdanke ich Ihnen.
In tief empfundener Dankbarkeit grüßt Sie von Herzen ...

Marianne schreibt:

Liebe Frau Herzog,
als mich mein Liebster aus seinem Büro anrief und mir Ihre Annonce für das Seminar vorlas, war ich sofort voller Euphorie. Erst nachdem wir das Seminar gebucht hatten, kam ich ins Zweifeln. Für zwei Leute so viel Geld, bislang waren wir doch immer nur gescheitert – vor allen an solchen »Wunderkuren« –, und Ihr Angebot hörte sich doch an wie ein Wunder! Ich gebe zu, dass ich bis etwa eine Woche vor dem Seminar immer noch überlegte, ob ich nicht stornieren sollte. Meine Skepsis ging letztendlich sogar soweit, dass ich regelrechte Albträume hatte, die den »Verlauf« des Seminars betrafen:
So träumte ich z.B. in der Nacht vor dem Seminar, dass Sie uns »Dicke« in einer Art Uniform, die der eines englischen Schulfräuleins entsprach, empfingen. Wir mussten uns in einer Reihe nackt aufstellen und laut sagen, wie viel wir wiegen. Mit einem Rohrstock zeigten Sie jeweils auf die »Opfer«. Zu mir sagten Sie: »Zu fett, zu süß, zu dick!«
Muss ich dafür so viel Geld ausgeben? Fragte ich mich, denn – so viel war sicher – das wusste ich auch ohne DHM. So verlief also meine letzte Nacht vor Ihrem »Wunderseminar«. Dementsprechend missmutig ging ich auch hin. Selbst mein Liebster konnte mir die Befangenheit nicht nehmen, obwohl er sich so sehr darum bemühte. Das waren wohl nicht die besten Voraussetzungen, die ich mitbrachte.
Ich bin eben ein Versager, und das wird DHM auch nicht ändern. Eine gescheiterte Ehe hinter mir und meistens völlig überlastet als allein erziehende Mutter von drei Kindern und voll berufstätig, stets unzufrieden mit mir selbst – eben ein Versager –, wen wundert es da noch, dass mein Gewicht immer mehr wurde und nicht unter Kontrolle zu bringen war. Zudem begrüßte ich mich noch jeden Morgen vor dem Spiegel mit der liebenswürdigen Aussage: »Mann, bist du fett!« So in etwa begann mein Tag, mit diesen Gedanken lebte ich bereits seit neun Jahren.
Nun will ich aber nicht länger aus der Vergangenheit berichten, denn selbst diese Erinnerungen erscheinen zu verblassen und ich behaupte, dass ich ein völlig neuer Mensch bin, seit wir Ihr Seminar besuchten.
Nicht nur, dass ich bereits viele meiner schützenden Pfunde mit Leichtigkeit entlassen konnte, sondern auch, dass ich heute gute und gesunde Strukturen in

mein wunderschönes Leben gebracht habe, dass es eine wahre Freude ist. Festzustellen, dass es mehr Zeit nimmt, ein Stück Schokolade mit Genuss auf der Zunge zergehen zu lasen, als wenn man eine ganze Tafel mit schlechtem Gewissen und in völliger Gier im Stehen verschlingt, ist nur eine von meinen vielen schönen und neuen Erfahrungen.
Wo soll ich anfangen und wo aufhören, Ihnen zu danken und zu erzählen, wie stark sich für unsere ganze Familie das Leben positiv verändert hat. Die Kinder haben wohl den größten Nutzen dadurch erfahren, dass ich wieder ausgeglichener und ruhiger bin. Durch die Strukturen in meinem Leben haben wir wieder viel mehr Familienleben, weil es besser organisiert ist.
Ich habe nun sicherlich die besten Voraussetzungen, weil ich die völlige Unterstützung und das Verständnis meines Liebsten habe, da wir das Seminar zusammen besuchten und nun auch zusammen den Erfolg haben.
Wir stehen gemeinsam um fünf Uhr morgens auf und besprechen, »wo wir hingehen«. So heißt das z. B.: »Hast du Lust, gehen wir heute in die Kneipe? Oder legen wir uns auf die Couch?« – es ist herrlich!
Ich wage zu behaupten, dass ich meinen Liebsten Hubertus seit Ihrem Seminar um ein Vielfaches besser kennen lernen durfte als in den drei Jahren vor DHM.
Wollte ich Ihnen alle positiven und neuen Erfahrungen berichten, würde wohl das Papier im Drucker nicht ausreichen.
Ich wünschte, ich könnte die Menschen auf eine so unübertreffliche Art glücklich und »sehend« machen, wie Sie es dürfen.
Ich danke dem lieben Gott jeden Tag dafür, dass mein Liebster Ihr Inserat in der Tageszeitung gefunden hat, denn erst jetzt lebe ich wieder richtig.
Heute erst weiß ich, dass ich mich nicht mehr schuldig fühlen muss, weil ich nach jahrelangen Demütigungen den Vater meiner Kinder verlassen habe, ihnen also den Vater weggenommen habe. Aus diesem Schuldgefühl heraus bin ich jahrelang auf Hochtouren gelaufen, weil ich Vater und Mutter sein wollte. Seit Ihrem Seminar weiß ich, dass wir alle mehr davon haben, wenn ich »nur« Mutter bin, das ist Aufgabe und Herausforderung genug. Außerdem haben wir ja unseren »Leasing-Papa Hubertus«, der die Kinder wirklich liebt. Heute sehe ich es nicht mehr so, dass ich ihn verlassen habe, weil ich zu schwach war, um das Leben mit ihm zu ertragen.
Heute sage ich: »Ich habe ihn verlassen, weil er mich nicht verdient hat.« Seit ich diese Aussage zum ersten Mal machen konnte, fühle ich mich »richtig« geschieden und habe keine Angst mehr vor seinen Drohungen.
Ich gebe nichts und niemandem die Macht, über mein Wohlbefinden zu bestimmen!
Danke, liebe Frau Herzog, für so viel Lebensqualität und Freude!!!
Aus tiefstem Herzen wünsche ich Ihnen alles Liebe und Gute und hoffe, dass viele Menschen, die Ihre Seminare besuchen kommen, sehend und lebensfreudig in ein neues Leben starten dürfen.
Ich umarme Sie
M.

Tatjana N. schreibt:

Liebe Frau Herzog,
nach ca. 25-jähriger (leidvoller) Erfahrung mit den Diäten dieser Welt wurde ich vor mehreren Monaten durch eine Talk-Show auf Ihr »emotionales Schlankheitstraining« aufmerksam.
Besonders die Einspielung einer der Negativ-Szenen innerhalb dieser Sendung beeindruckte mich so sehr, dass sich eigentlich sofort Entscheidendes in meinem Essverhalten änderte. Wie auch in Ihrem Buch geschildert, war das ständige gedankliches Kreisen ums Essen total und sofort verschwunden. Das tägliche Anhören der Negativ- und Positiv-Szenen trug neben der mehrmaligen Lektüre Ihres Buches dazu bei, dass ich innerhalb relativ kurzer Zeit (ca. 14 Wochen) mein Gewicht um 14 kg reduzieren konnte (auf 64 kg bei 1,68 m Größe).
In diesem Zeitraum habe ich weiter mit Genuss gegessen und auch während häufiger Restaurantbesuche oder Einladungen auf nichts verzichtet, worauf ich Appetit hatte, konnte aber alle der von Ihren Kursteilnehmern geschilderten Empfindungen auch bei mir feststellen: diese unglaubliche Erleichterung, dass Essen plötzlich nicht mehr wichtig ist, das sich einstellende Sättigungsgefühl nach wenigen Bissen, kein Heißhunger mehr auf Süßigkeiten, das sich steigernde Selbstwertgefühl und die positive Körperwahrnehmung.
Mit jedem schwindenden Fettpölsterchen wuchs bei mir die Freude darüber, endlich einen Weg gefunden zu haben, mein Essverhalten zu steuern. Die Reaktionen meiner Familie, Freunde und Kollegen auf mein neues Erscheinungsbild und das Staunen bei meiner Antwort auf ihre Frage, welcher Diät ich diesen Erfolg zu verdanken habe, nämlich: »Keiner!«, motivierten mich zusätzlich. So war ich mir auch ganz sicher, nie wieder zuzunehmen.
Mittlerweise weiß ich, dass ich zu früh siegessicher war. Statt, wie von Ihnen dringend angeraten, das Training mindestens sechs Monate durchzuführen, bin ich, je näher ich meinem Wunschgewicht kam, übermütig und nachlässig geworden und habe in den letzten Monaten schleichend wieder zugenommen. Dementsprechend bin ich natürlich enttäuscht und äußerst unzufrieden (mit mir selbst). Irgendwie schaffe ich es aber auch nicht, noch einmal über das Lesen des Buches und das Hören der CDs einen erneuten Einstieg zu finden.
Da ich nach wie vor davon überzeugt bin, dass das »emotionale Schlankheitstraining« die für mich optimale Methode ist, würde ich mich sehr freuen, wenn Sie mir weiterhelfen könnten, und verbleibe
Mit herzlichen Grüßen

Irmgard D. schreibt:

Hallo, Frau Herzog,
heute möchte ich Ihnen unser »völlig neues Lebensgefühl« schriftlich schildern: Zum Zeitpunkt des bei Ihnen besuchten Kurses waren mein Mann und ich extrem übergewichtig. Wir haben alle möglichen und unmöglichen Diäten hinter uns. Das, was man als »Jojo-Effekt« bezeichnet, haben wir am eigenen Körper leidvoll erlebt. Zumindest in den letzten 15 Jahren haben wir einen ständigen Kampf mit unserem »Über«-Gewicht geführt, den wir leider immer wieder verloren haben. Vor einigen Jahren haben wir dann resigniert aufgegeben, weitere Diäten zu machen. Das heißt wir haben einen ständigen Kampf gegen die Gelüste auf Marzipan, Schokolade, Cola gekämpft und, wie soll es auch anders sein, immer wieder verloren.
Wir waren beide an dem Punkt angelangt, an dem uns unser extremes Übergewicht gesundheitlich und vom Lebensgefühl her erheblich belastete.
In einer Fernsehsendung habe ich dann von Ihnen und Ihrem »emotionalen Schlankheitstraining« gehört. Ich habe mir daraufhin das Buch, die CD und dann auch das Video besorgt. Sowohl mir als auch meinem Mann entfuhr es bei der Lektüre des Buches immer wieder: »Genau«, »Tatsächlich«. Für uns stand fest, dass genau dieses emotionale Schlankheitstraining die Lösung aller unserer »Übergewichtsprobleme« sein wird. Die Anmeldung zum Kurs war alsdann die logische Folge.
Ihr Vortrag und Ihre Ausstrahlung hat uns im Verlaufe des Kurses dann letztendlich völlig von dem von Ihnen entwickelten »emotionalen Schlankheitstraining« überzeugt. Es war faszinierend zu erleben, welche »Kraft« das Unterbewusstsein freisetzt, als dann eine Teilnehmerin aufgrund der mentalen Veränderung doch hochgehoben werden konnte.
Mein Mann war noch im Kurs sehr skeptisch, als Sie ausführten, dass er später eine Tafel Schokolade auf den Schreibtisch legen könne, ohne dauernd daran denken zu müssen und ohne sie gleich aufzuessen.
Nach nunmehr sieben Wochen können wir Ihnen von unseren Erfahrungen berichten. Wir haben uns, wie von Ihnen empfohlen, nicht mehr täglich gewogen. Abnehmen ist bei uns nicht mehr das Thema. Dank der »Harmonys«, die wir morgens machen, haben wir schon für den Tag eine positive Grundeinstellung. Man könnte schon morgens die ganze Welt umarmen. Die »Harmonys« helfen auch in vielen Problemsituationen. Die Auswirkungen von »Negativ-Positiv« sind unvorstellbar. Erst nach intensiver Betrachtung stellten wir fest, dass sich unser Essverhalten grundlegend verändert hat. Wir können beide mit dem Essen aufhören, wenn wir satt sind und nicht erst dann, wenn »gar nichts mehr hineingeht«. Mein Mann kann zwischenzeitlich Ihre Aussage mit der Schokolade bestätigen. Er hat keinerlei Verlangen nach Marzipan, Schokolade, Plätzchen etc. Diese liegen seit dem Kurs ungegessen in der Speisekammer und dies ohne das Gefühl, auf etwas zu verzichten oder etwas nicht zu erhalten.

Die bisher eingetretene Gewichtsreduzierung ist gigantisch, phänomenal, übergroß. Die Kleidungsstücke, die bisher gerade noch gepasst hatten, fangen an zu schlottern. Wir fühlen uns beide völlig erleichtert. Mein Mann stellt fest, dass der Boden beim Bücken wieder höher gekommen ist (d.h. er kann wieder heruntergefalle Gegenstände ohne großes Stöhnen aufheben).
Ja, Sie werden sich bestimmt fragen, was macht dieses alles so in Pfund und Kilo aus? Nach etwa sechs Wochen hat mein Mann 20 Kilo = 40 Pfund und ich 15 Kilo = 30 Pfund abgenommen. Ist das nicht super?! Dies vor allen Dingen, wenn man bedenkt, dass wir keine Salatblätter und keine Kalorien gezählt und keine Ernährungstabellen studiert haben. Keine Minute haben wir verzichten müssen, und trotzdem haben wir diesen unglaublichen Erfolg.
Ergänzend will ich noch anmerken, dass wir seit etwa zwei Wochen nichts mehr abnehmen. Dies ist jedoch, wie Sie uns bestätigt haben, völlig normal. Wir haben keine Bedenken, dass nach einer gewissen Konsolidierungsphase die Gewichtsabnahme weiter fortschreitet.
Abschließend bleibt uns nur, Ihnen, Frau Herzog, zu danken. Das von Ihnen entwickelte »emotionale Schlankheitstraining« ist genau das, auf was wir schon lange gewartet und gehofft haben. Nochmals vielen Dank!
Viele liebe Grüße
Irmgard D.

Marlene A. schreibt:

Liebe Frau Herzog,
vor zwei Jahren habe ich mir Ihr Buch und Ihre CD gekauft. Achtlos lag es dann kurzerhand wieder im Schrank. Durchgehalten habe ich damals noch nicht mal zwei Wochen.
Als Jugendliche immer schlank, haben sich im Laufe der Jahre Kilo für Kilo angesammelt. Unerträglich wurde es nach der Entbindung meiner Tochter vor sechs Jahren. Unzählige Diätversuche scheiterten, beschrieben wie in Ihrem Buch. Sogar die von allen anerkannten Weight-Watchers konnten mein Ziel noch nicht mal annähernd unterstützen.
Nun war am Anfang des Jahres der Schock unerträglich groß. Ich hatte mich schon ewig nicht mehr auf die Waage gestellt. Nach einer Woche war klar: Ich hole Ihr Buch wieder aus dem Schrank. Abend für Abend arbeitete ich mit der CD, las ab und zu Ihr Buch und habe jeden Abend auf dem Hometrainer gekämpft.
Inzwischen habe ich 28 Kilo abgenommen. Nun wiege ich bei einer Größe von 1,78 m 79 Kilo. Ein Gewicht, das ich die letzten acht Jahre nicht mehr hatte.
Nun bin ich realistisch und will mich auch nie in eine 38 drängen, die Größe hatte ich früher nicht und werde sie auch jetzt nicht haben, aber mit der 42/44 bin ich super zufrieden, nachdem der letzte Blazer schon eine Konfektionsgröße 48/50 war.

Als die Verkäuferin im Kaufhaus mir einen Hosenanzug in Größe 42 brachte und der auch noch wie angegossen passte, habe ich beschlossen, Ihnen zu schreiben. Wahrscheinlich fängt Abnehmen wirklich im Kopf an. Das Gefühl, keine Angst vor süßen Sachen haben zu müssen, war so eine Erleichterung. Ich esse eben ein Eis, aber bestimmt kein zweites.
Und vor allem: keine Kalorien zählen! Als ich Ihr Buch dann nach zwei Jahren wirklich studiert habe, stand da: KEINE DIÄT!!
Hoffentlich kann ich mein Gewicht halten und ich werde nie wieder so drastisch zunehmen. Zwei bis drei Kilo werden im Urlaub vielleicht mal sein, aber fast 30? Vier Kilo möchte ich gern noch schaffen, dann hätte ich mein acht Jahre altes Ziel von 75 kg erreicht.
Dank Ihrer Methode!
Mit lieben Grüßen
Marlene

Sabine G. schreibt:

Liebe Frau Herzog,
20 Jahre Magersucht und Bulimie sind ein Leidensweg, den man in kurze Worte nicht fassen kann. 20 Jahre kämpfe ich um mein Leben, es gibt keine Therapie, die ich nicht gemacht habe. Unendlich viele Versuche habe ich gestartet, um von meiner Sucht wegzukommen. 20 Jahre Therapie haben mich vom Kopf her aufgeräumt, und trotzdem bin ich mit mir selber nicht weitergekommen.
Ein weiterer Versuch war eine Therapie in England. Ein Jahr lang bin ich regelmäßig nach England geflogen. Ich habe keine Kosten und Mühen gescheut, obwohl es mir nicht immer leicht gefallen ist.
Dann habe ich einen kleinen Artikel in der Zeitschrift »Shape« von Ihnen gelesen – tief in mir hat es »Klick« gesagt, Ihre Methode klang so einleuchtend.
Ihr Seminar war für mich absolut ein Start in ein neues Leben. Es lässt sich nicht beschreiben, heute weiß ich, dass ich die letzen 20 Jahre nicht wirklich gelebt habe. Ich habe ein menschenunwürdiges Leben gelebt. Sie zeigen mir den Weg zurück ins Leben!
Wissen Sie noch, dass ich Schweißausbrüche (vor Angst) im Seminar bekam, als Sie sagten, wir würden gemeinsam zu Mittag essen ... Keine drei Monate später kann ich zu Ihnen sagen: »Ich freue mich darauf!«
Sicherlich bin ich nicht von einem zum anderen Tag geheilt, mein Weg ist noch steinig, aber er geht stetig aufwärts.
Noch nie in meinem Leben habe ich mich so lebendig gefühlt.
Danke ist gar kein Ausdruck für das, was Sie mir gegeben haben.
Mit ganz lieben Grüßen
Ihre Sabine G.

Literatur

Coldwell, Leonhard: Die unbegrenzte Kraft des Unterbewusstseins. München 1994

Herzog, Dagmar: Die Kraft der Emotionen. München 2001

Herzog, Dagmar: Das emotionale Nichtrauchertraining. München 2003

Heufelder, Prof. Dr. Armin: Das Anti-Aging-Konzept. München 2001

Lüscher, Max: Der 4-Farben-Mensch. Luzern 1990

Murphy, Joseph: Die Macht des Unterbewusstseins. München 1992

Pollmer, Udo: Prost Mahlzeit. Köln 1994

Vester, Frederic: Phänomen Streß. München 1991

Zehetbauer, Josef: Körpereigene Drogen. Düsseldorf

Von der Theorie zur praktischen Umsetzung

Um das Trainingsprogramm richtig und erfolgreich anzuwenden, empfiehlt Dagmar Herzog

Zweitages-Intensiv-Seminare

in kleinen Arbeitsgruppen

mit Dagmar Herzog persönlich oder mit einem ausgebildeten Trainer.
Hier lernen Sie, das Programm individuell auf Ihre persönlichen Verhaltensmuster abzustimmen und umzusetzen. Sie lernen unter Anleitung, Ihre persönlichen inneren Filme zu entwickeln, um so für immer Ihre negativen Verhaltensmuster zu verändern.

Fragen Sie nach unseren Trainingsangeboten

- Schlank für immer, trotz Diätverbot
- Glücklich zum Nichtraucher, ohne Entzug oder Gewichtszunahme
- Die Kraft der Emotionen
  Ängste, Stress, Depressionen und Schlafstörungen beseitigen
- Durch die Kraft der Emotionen zum Erfolg
  Firmenseminare

Dagmar Herzog GmbH
Wörnbrunner Straße 40a
D-82031 Grünwald
Tel.: 089-6496229-0
Fax.: 089-6496229-99
info@dagmarherzog.de
www.dagmarherzog.de

Die Trainingsprogramme zu den verschiedenen Themen sind jeweils auf einer Doppel-CD zum Buch produziert worden und im Buchhandel erhältlich.